汽车运用与维修专业技能型紧缺人才培养培训教材
中等职业学校汽车运用与维修专业新课程教学用书

Qiche Cheshen Dianqi Weixiu Gongzuoye

汽车车身电器维修工作页
（第二版）

蔡北勤　主编

内 容 提 要

本教材是培养汽车运用与维修专业学生胜任汽车售后服务企业车身电器维修工作的能力。本教材由7个学习任务组成，分别是：汽车车身电器设备的正确使用、汽车照明系统的检测与维修、汽车信号系统的检测与维修、汽车电动刮水系统的检测与维修、汽车电动车窗的检测与维修、汽车仪表系统的检测与维修、汽车中控门锁与防盗系统的检测与维修。

本书既可作为职业院校汽车运用与维修专业学生的教学用书，也可作为职业技能培训和其他从事相关领域工作人员的参考书。

图书在版编目(CIP)数据

汽车车身电器维修工作页 / 蔡北勤主编 . —2版
北京：人民交通出版社，2013.8
　ISBN 978-7-114-10700-9

Ⅰ. ①汽… Ⅱ. ①蔡… Ⅲ. ①汽车－车体－电气设备－车辆修理－中等职业教育－教材 Ⅳ. ①U472.41

中国版本图书馆 CIP 数据核字(2013)第 121682 号

书　　名：	汽车车身电器维修工作页（第二版）
著 作 者：	蔡北勤
责任编辑：	曹延鹏
出版发行：	人民交通出版社股份有限公司
地　　址：	（100011）北京市朝阳区安定门外外馆斜街3号
网　　址：	http://www.ccpress.com.cn
销售电话：	(010) 59757973
总 经 销：	人民交通出版社股份有限公司发行部
经　　销：	各地新华书店
印　　刷：	北京市密东印刷有限公司
开　　本：	880×1230　1/16
印　　张：	11
字　　数：	272千
版　　次：	2008年9月　第1版 2013年8月　第2版
印　　次：	2019年6月　第5次印刷　总计第12次印刷
书　　号：	ISBN 978-7-114-10700-9
定　　价：	24.00元

（有印刷、装订质量问题的图书由本社负责调换）

中等职业学校汽车运用与维修专业新课程教学用书

主　　编　刘建平　辜东莲
顾　　问　赵志群

编　委　会

主 任 委 员　周炳权　胡学兰
副主任委员　刘建平　张燕文　辜东莲
编　　委　（按姓氏笔画排序）

叶伟胜	冯明杰	刘付金文	刘桂松	刘　毅
朱伟文	齐忠志	何　才	何媛嫦	张东燕
张　发	张琳琳	李　琦	邱志华	邱志成
陆宝芝	陈万春	陈高路	陈楚文	麦锦文
巫兴宏	庞柳军	林文工	林志伟	林夏武
林根南	林清炎	林鸿刚	武　华	武剑飞
段　群	胡炳智	赵中山	唐奎仲	唐蓉芳
徐正国	萧启杭	曾晖泽	赖　航	蔡北勤
鞠海鸥	魏发国			

序

看过人民交通出版社发给我的由刘建平和辜东莲两位老师主编的《中等职业学校汽车运用与维修专业新课程教学用书》系列教材样稿后，不禁感慨万千。汽车维修专业课程改革在我国已经开展多年了，如何打破传统的"基础课、专业基础课、专业课"的三段式模式，以及改变以"教师、教室、教材"为核心的三中心特征，一直以来备受关注。虽然有许多学校都在尝试着改革，也取得了许多可喜的成果，但真正意义上的突破还是不多。这套教材的出现真正让我有了一种"久旱逢甘雨"的感觉。记得2004年6月应广州市交通运输职业学校之邀，我参加了该校模块化教学改革研讨会，参观学校模块化教学实训中心，并与老师们一起讨论模块化教材编写，那次接触让我看到了这所学校在汽车维修专业改革中"敢为人先"的闯劲。现在看到教材样稿果然不同凡响，再次让我感受到广州市交通运输职业学校在汽车维修专业改革上的不断创新精神。

汽车维修中职教育首先有着明确的培养目标，那就是培养当代汽车维修技术工人。怎样把学生培养成合格的人才是汽车维修中职教育的关键所在，而在教学过程中理论与实践结合应该采取何种形式又是问题的要点所在。汽车维修教学中理论与实践结合往往容易出现重视形式上的结合，忽视实质上结合的问题，例如：将汽车构造教材与汽车维修教材简单地合编成"理实"结合在一起的教材，还有将教室直接搬到实训中心内的形式上的"理实"结合等。真正的"理实"结合应该是根据培养对象和培养目标来确定的有着实际内涵的"理实"结合。这套教材以汽车维修实际工作任务为核心，将专业能力与关键能力培养、学习过程与工作过程融为一体以此展开相关联部分的系统结构、系统原理、维修工艺、检验工艺、工具量具使用、技术资料查阅以及安全生产等内容的"理实"一体化教学。这种方式首先以动手解决具体问题为目标，这样可以极大地调动学生的学习兴趣，学生在学习技能的同时，将必要的理论知识结合在实践过程中一起学习，让学生不仅掌握怎么做的要领，还教给学生为什么这样做的道理。在这种模式中，学生是为了更好地理解所要完成的学习任务才去学习相关理论知识的，这就调动了学生学习理论知识的主动性。学生在学习并完成了实用的汽车维修工作任务后，激发出来的职业成就感，必然会使学生重建因学会工作的内容而久违了的自信心，这正是我们职业教育最应该达到的教学效果。

我为这套教材所呈现的课程模式感到由衷的高兴，并对付出辛勤劳动撰写这套教材的每一位老师表示由衷的感谢。我真诚地希望这套教材能够为我国汽车维修专业改革送上一股不断创新的强劲东风，为创造出更加适合我国国情的汽车维修专业课程模式投石问路，为汽车维修职业教育的发展锦上添花。

朱　军

再版前言

"中等职业学校汽车运用与维修专业新课程教学用书"共包括本专业 11 门核心课程的教材。本套教材自 2007 年 9 月首次出版以来，获得社会各界的一致好评，并多次重印。2012 年，本套教材申报教育部"中等职业教育改革创新示范教材"，有多种教材入选，这也证明了本套教材不论在教学理论、教学内容，还是教学组织形式上，都具有较强的改革创新特性，值得向全国广大的职业院校进行推广。

本套教材的第一版出版后，编写组在教学中不断总结经验和加强研究，同时认真听取全国各地职业院校对本套教材的宝贵意见，以求更深入地掌握在工学结合的模式下提高职业教育教学质量的方法。经过 6 年的教学实践，教材编写组决定对本套教材进行修订，使教材在结构和内容上与教学要求更加吻合，使行动导向教学法获得进一步体现。历经深入的企业调研、与技术专家共同研讨，综合全国各地职业院校和出版社的反馈意见后，第二版"中等职业学校汽车运用与维修专业新课程教学用书"得以与社会各界见面。

与第一版教材相比，第二版"中等职业学校汽车运用与维修专业新课程教学用书"作了如下改进：

1. 部分学习内容进行了更新。随着汽车工业的快速发展，汽车维修技术含量不断提高，教材编写组依据企业调研结果和毕业生对工作页修订的反馈意见，删减了第一版中已逐渐淘汰的汽车技术，新增了近几年新出现的工艺及技术内容。

2. 进一步凸显工学一体化特色。编撰第一版教材时，编者对工学结合课程理论的理解仍停留在表象，并未融会贯通，因此原教材中部分内容理论与实操界限明显，脱节现象较为严重。本次修订时对此加以改善，在内容设计上尽可能实现学生"做中学"，且教学过程中尽量采用归纳式的学习方法。

3. 更加注重遵循学生认知规律。修订版遵循"简单到复杂，外围到核心，形象到抽象"的认知规律，将部分起点过高的学习任务进行了系统化处理。在遵循工作过程主线的原则下，第二版教材各学习任务的学习内容设计由简至繁，更利于学生的学习和掌握。

4. 增强了评价反馈的可操作性。第二版教材的"评价反馈"内容与教学内容之间的联系更为紧密，新增并量化了针对学习任务完成情况的指标，并贯穿于整个学习任务实施过程中，增强了评价反馈环节的可操作性。

本书由广州市交通运输职业学校蔡北勤主编，陈楚文参编。其中，蔡北勤编写学习任务2、学习任务3、学习任务5、学习任务6、学习任务7，陈楚文编写学习任务1、学习任务4。全书由蔡北勤统稿，广州丰田汽车特约维修有限公司阮少宁教授级高级工程师审稿。广州市华通丰田汽车贸易有限公司冯奕威、广州市广物君豪汽车贸易有限公司邱成万和谭伟等企业专家为本书的编写提供了大量的技术支持。

由于教材编写组的编写工作是在不断的实践和理论学习过程中进行的，还处于不断的学习与更新过程中，难免有不妥之处，恳请使用本书的广大师生不吝批评指正。

编　者

2013 年 8 月

第一版前言

现代汽车机械技术与电子技术高度的一体化,汽车维修技术的不断更新,以及为适应市场要求汽车维修企业组织所进行的不断调整,都对汽车维修技术人员提出了更高的要求。先理论后实践的传统教学模式,已不能适应技术和社会发展的要求,而使学生在学习性的工作中发现问题,再从理论中寻找答案,即理论与实践一体化的学习,越来越受到学生们的欢迎,企业的认可,并得到职业院校的高度重视。

这套《中等职业学校汽车运用与维修专业新课程教学用书》是按照人的职业成长规律编写的,为职业院校设计理论实践一体化的学习情境,即引领学生完成一个职业的典型工作任务,经历完整的工作过程,促进学生综合职业能力的发展,从而使汽车维修的初学者迅速成长为技术能手。

一、新课程教学用书的实践基础

从 2001 年开始,广州市所属中等职业学校开始在构建工作过程系统化课程、实施理论实践一体化教学和优化课堂教学等方面进行改革试验。广州市交通运输职业学校通过校企合作组建"通用班"、"丰田班"和"东风雪铁龙班"等方式,在汽车运用与维修专业的课程与教学改革中取得了丰硕的成果,如在全国中等职业学校汽车运用与维修技能大赛中该校学生蝉联两届团体项目冠军,在首届全国汽车教师说课比赛中该校两位教师获一等奖。

该校所试验的一体化教学模式,一方面适应了现代汽车维修行业发展对汽车维修技术人员素质能力的新要求,另一方面体现了广州职业教育主动适应区域经济发展、按照职业教育规律改革办学模式,探索建立工学结合的现代职业教育课程体系和实现现代职业教育学习方式的思路。这些成功的课程改革和创新,符合当前职业教育发展的需要,为本教材编写奠定了扎实的实践基础。

二、新课程教学用书的编写思想

近年来的大量调查研究表明,确定职业教育的课程目标首先要体现职业能力导向的要求,反映企业的典型工作实践;其次要体现学生职业生涯发展的要求,通过在校课程的学习,使学生具备综合职业能力;再次要建立起学习与工作的直接联系,提高学习的有效性。

期望本套用书的编写能够达到两个目标:一是借鉴国际当代职业教育发展的最新理

论与方法技术，反映汽车维修技术领域的专业要求和发展水平；二是结合职业院校学生的特点，全面落实"以就业为导向、以全面素质为基础、以能力为本位"的职业教育办学指导思想，着力提高学生的综合职业能力。

编写本教材的指导思想是：

1. 综合职业能力的人才培养目标

综合职业能力是人们从事一个或若干个相近职业所必备的本领，是个体在职业工作、社会和私人情境中科学的思维、对个人和社会负责任行事的热情和能力，是科学的工作和学习方法的基础。新课程的人才培养目标是：在真实的工作情境中整体化地解决综合性专业问题的能力和技术思维方式。

2. 设计导向的职业教育思想

新课程强调把人视为价值的根源，本着对社会、经济和环境负责的态度，职业教育所培养的人不仅仅是作为"工具"的技术工人，更是在各个社会领域里有参与技术和工作设计的潜在能力者，综合发展的人；他们不但是具有技术适应能力的人，而且是具有参与促进社会向着积极方向发展和变革进程能力的人。

3. 学习领域的课程模式

不同于学科系统化的课程模式，本学习领域的课程模式是工作过程系统化的，其基本特征是根据具有重要职业功能的典型工作任务，确定理论与实践一体化的学习任务，按照工作过程组织学习过程，依据人的职业成长规律进行课程顺序排列，强调"学习的内容是工作，通过工作实现学习"，从而达到"学会工作"的目的。

4. 工作过程系统化的教学原则

新课程中，学生的学习要遵循工作过程系统化的教学原则，即在结构完整的工作过程中，学生经历从明确任务、制定计划、实施计划、检查控制到评价反馈的整个过程，获得工作过程知识（包括理论与实践知识）并掌握操作技能，学习掌握包括工作对象、工具、工作方法、劳动组织方式和工作要求等各种要素及其相互关系。

5. 行动导向的教学方法

新课程中，教师是学生学习过程的组织者和专业对话伙伴，应采用行动导向的教学方法并通过有一定实际价值的行动产品来引导教学组织过程。学生学习方式多以强调合作与交流的小组形式进行，具有尝试新活动方式的实践空间。学生通过主动和全面的学习，可以达到脑力劳动和体力劳动相统一的效果。

三、新课程教学用书的教学特色

通过让学生完成典型工作任务，新课程工作页强调学生的自主学习，突出学习的主动性和有效性，从而达到使学生学会工作的目的。在处理学生与教师的关系、学习目标、课程内容、学习过程和学业评价等方面，新课程工作页具有如下特点：

1. 学生有学习的空间

首先，学习之初所明确的具体学习目标和学习内容可使学生随时监控自己的学习效果，自我评价和他人评价的结合为实现个性化的学习创造了条件；其次，体系化的引导问题强化了学生的主体地位，给学生留下充分思考、实践与合作交流的时间和空间，使学生亲身经历观察、操作、交流和反思等活动；再次，工作页中并不全部直接给出学习内容，而是需要学生通过开放性的引导问题和拓展性学习内容去主动获取，旨在培养学生的自主学习能力，从而使学生能够进一步理解技术知识并提高解决问题的能力；最后，尽量营造接近现实的工作环境，从栏目设置、文字表达、插图到学习内容的安排，都鼓励学生去主动获得学习和工作的体验。

2. 教师角色的多元化

新课程在明确学习目标的情况下，通过引导问题来提供与完成学习任务联系十分紧密的知识，为教学组织与实施留下许多的创造空间。需要教师转换角色，从一名技术知识的传授者，转化为提高学生综合职业能力的促进者、学习任务的策划者、学习行动的组织动员者、学习资源的提供者、制订计划与实施计划的咨询者、学习过程的监督者以及学习绩效的评估和改善者，即教师的多元化角色。因此，建议在教学实施中，由教师团队共同负责同一部分学习内容的教学。

3. 学习目标的工作化

新课程的学习目标就是工作目标，既体现职业教育的能力要求，又具有鲜明的工作特征。这里的能力不仅仅强调"操作性"与"可测量性"，是具有专业内容的综合职业能力，包括专业能力和关键能力，既有显性的、可测量和可观察的工作标准要求，也含有隐性的、不可测量的能力和经验成分。与此同时，学习目标不但具有适度开放的空间，既不拘泥于当前学校或企业的状况，还能充分体现出职业生涯成长的综合要求。

4. 课程内容的综合化

课程内容的综合化体现在：一方面，每个学习任务的内容都具有综合性的特征，既有技能操作，也有知识学习，是工作要求、工作对象、工具、方法和劳动组织方式的有机整体，反映了工作与技术、社会和生活等的密切联系；另一方面，反映典型工作任务的学习任务也具有综合性的特征，要求每个学习任务的内容虽相互独立但又具有内在的联系。

5. 学习过程的行动化

行动化的学习过程首先体现在行动的过程性，让学生亲身经历实践学习和解决问题的全过程，在实践行动中学习，而非以往那种完成理论学习后再进行实践的学习过程；其次是行动的整体性，无论学习任务的大小和复杂程度如何，每个学习任务都要学生完成从明确任务、制定计划、实施计划、检查控制到评价反馈这一完整的工作过程；再次，有尝试新行动的实践空间，尽量创造条件让学生探索解决其未遇到过的实际问题，包括独立获取信息、处理信息，整体化思维和系统化思考。

6. 评价反馈的过程化

过程化首先体现在评价反馈是完整学习过程的一部分，是对工作过程和结果的整体性评价，是学习的延伸和拓展；其次在计划与实施环节中，工作的"质量控制与评价"贯穿于整个过程。过程化的学习评价可帮助学生获得初步的总结、反思及自我反馈的能力，为提高其综合职业能力提供必要的基础。

新课程教学用书由广州市中等职业教育地方教材建设委员会组织编写，广州市教育局教学研究室和广州市交通运输职业学校共同主持实施，并得到了人民交通出版社的具体指导。主编为广州市交通运输职业学校刘建平和广州市教育局教学研究室辜东莲，特邀北京师范大学技术与职业教育研究所所长赵志群为课程设计顾问。

本书由广州市交通运输职业学校蔡北勤主编，刘建平和麦锦文参编。其中，蔡北勤编写学习任务1汽车车身电器设备的正确使用、学习任务2汽车照明系统的检测与维修、学习任务5汽车电动车窗的检测与维修和学习任务7汽车中控门锁与防盗系统的检测与维修，刘建平编写学习任务6汽车燃油表故障的诊断与排除，麦锦文编写学习任务3汽车信号系统的检测与维修和学习任务4汽车电动刮水系统的检测与维修。全书由蔡北勤统稿，广州丰田汽车特约维修有限公司阮少宁教授级高级工程师审稿。广州市华通丰田汽车贸易有限公司冯奕威、广州市广物君豪汽车贸易有限公司邱成万和谭伟等企业专家为本书的编写提供了大量的技术支持。

由于编者的水平有限，书中难免有不妥之处，欢迎使用本书的教师和学生批评指正。

编 者

2008 年 8 月

致 同 学

亲爱的同学，你好！

欢迎你就读汽车运用与维修专业！

在我国，汽车产品、技术日新月异，汽车快速普及，汽车行业迅速发展，汽车维修技术人员已成为技能型紧缺人才。作为未来的汽车维修技术能手，你将如何迎接这一挑战？在此，希望我们的新课程工作页能够为你的职业成长提供帮助，为你职业生涯打下坚实的基础。

与你过去使用的教材相比，你手里的工作页是一套全新的教学材料，它能帮助你了解未来的工作，学习如何完成汽车维修中重要的典型工作任务，并能按照职业成长规律促进你的综合职业能力发展，使你快速成为令人羡慕的汽车维修技术能手！

为了让你的学习更有效，希望你能够做到以下几点：

一、主动学习

要知道，你是学习的主体。工作能力主要是靠你自己亲自实践获得的，而不仅仅是依靠教师在课堂上讲授。教师只能为你的学习提供帮助。比如说，教师可以给你解释汽车发生的故障，向你讲授汽车维修的技术，教你使用汽车维修的工具，为你提供维修手册，对你进行学习方法的指导。但在学习中，这些都是外因，你的主动学习才是内因，外因只能通过内因起作用。职业成长需要主动学习，需要你自己积极地参与实践。只有在行动中主动和全面地学习，才能很好地获地职业能力。因此，你自己才是实现有效学习的关键所在。

二、用好工作页

首先，你要了解学习任务的每一个学习目标，利用这些目标指导自己的学习并评价自己的学习效果；其次你要明确学习内容的结构，在引导问题的帮助下，尽量独立地去学习并完成包括填写工作页内容等在内的整个学习任务；再次，你可以在教师和同学的帮助下，通过查阅维修手册等资料，学习重要的工作过程知识；最后，你应当积极参与小组讨论，去尝试解决复杂和综合性的问题，进行工作质量的自检和小组互检，并注意规范操作和安全要求，在多种技术实践活动中形成自己的技术思维方式。

三、把握好学习过程、学习内容和学习资源

学习过程是由学习准备、计划与实施和评价反馈所组成的完整过程。你要养成理论与实践紧密结合的习惯，教师引导、同学交流、学习中的观察、动手操作和评价反思都是专业技术学习的重要环节。

本课程的学习内容以丰田汽车发动机和大众汽车发动机机械维修为主线，兼顾大多数汽油发动机机械维修的技术要求。你要学会使用相关的维修手册及依据维修手册进行规范操作。

学习资源可参阅人民交通出版社的《汽车发动机构造与维修》（汤定国，2005）、中国劳动社会保障出版社的《汽车发动机理论与维修》（詹姆斯·D·霍尔德曼，小蔡斯·D·米切尔，2006）。此外，还要经常浏览汽车维修方面的网页，学习最新的技术和实际维修的技术通报，拓展你的学习范围。

你在职业院校的核心任务是在学习中学会工作，这要通过在工作中学会学习来实现，学会工作是我对你的期待。同时，也希望把你的学习感受反馈给我们，以便我们能更好地为你服务。

预祝你学习取得成功，早日实现汽车维修技术能手之梦！

编　者
2013 年 8 月

目　录

学习任务 1　汽车车身电器设备的正确使用 …………………………………………… 1

学习任务 2　汽车照明系统的检测与维修 ………………………………………………… 18

学习任务 3　汽车信号系统的检测与维修 ………………………………………………… 47

学习任务 4　汽车电动刮水系统的检测与维修 …………………………………………… 61

学习任务 5　汽车电动车窗的检测与维修 ………………………………………………… 79

学习任务 6　汽车仪表系统的检测与维修 ………………………………………………… 96

学习任务 7　汽车中控门锁与防盗系统的检测与维修 …………………………………… 114

附件 …………………………………………………………………………………………… 138

　附件 1　附图 ……………………………………………………………………………… 138

　附件 2　关于工作页 ……………………………………………………………………… 157

　附件 3　致教师 …………………………………………………………………………… 158

参考文献 ……………………………………………………………………………………… 160

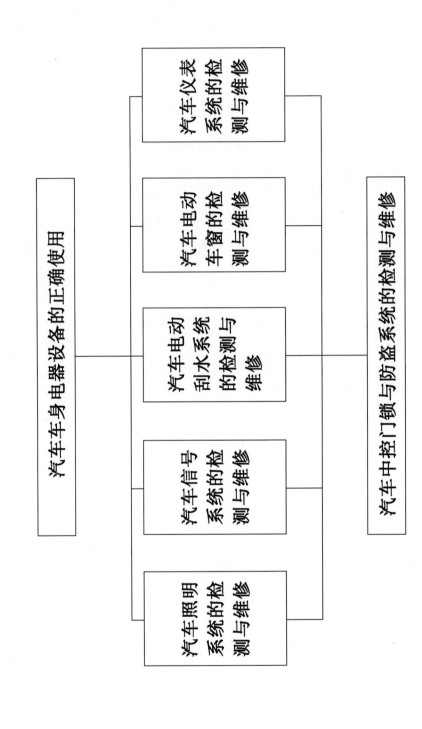

学习任务1　汽车车身电器设备的正确使用

学习目标

完成本学习任务后，你应当能：
1. 叙述电器系统的发展历程；
2. 概括车身电器设备的组成与作用；
3. 正确操作各种车身电器设备；
4. 为客户提供正确使用车身电器设备的建议。

建议完成本学习任务为 8 学时

内容结构

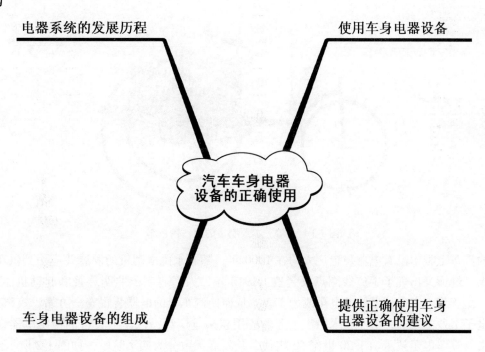

学习任务描述

车身电器设备的各系统在工作中存在一定的独立性。熟练使用各种车身电器设备，可帮助维修人员建立对车身电器设备比较全面的认识。

车身电器设备是汽车的重要组成部分，其性能的好坏直接影响到汽车的使用性能，如为了保证汽车工作可靠、行驶安全，需要各种指示仪表、信号装置和照明等电器的正常工作。正确使用车身电器设备可以延长各种电器设备的使用寿命，并能有效地防止因电器设备的损坏而引发的安全问题。

一、学习准备

 *1. 早期的汽车上没有电器装置，而现代车辆上装备有大量的电子电器设备，汽车电器系统随着汽车工业的发展、技术的进步经历了怎样的发展历程？

现代汽车电子技术的应用不仅提高了汽车的动力性、经济性和安全性，改善了汽车行驶的稳定性和舒适性，并正在改变着汽车的传统结构，同时也逐步扩展了汽车的功能。从 1886 年世界上第一辆汽车在德国问世以来（图 1-1），经过百余年的发展，汽车工业取得了巨大的发展。如今汽车电子化程度被看作是衡量现代汽车水平的重要标志。

图 1-1 卡尔·本茨制造的第一辆汽车

早期的汽车上根本没有电器装置。大约在 1900 年，随着永磁电动机的发展并应用到汽车上，才出现了电点火，继而又出现了感应线圈点火装置。1912 年，人们研制出照明装置和起动机。20 世纪 50 年代中期，由于将汽车电器系统的电压改为 12V，从而使汽车上的电器装置安全可靠，效率提高。

随着电子工业的发展，电子技术在汽车上的应用越来越广泛，汽车上装备的传统电器设备面临着巨大的冲击。汽车电子技术始于 20 世纪 60 年代，其发展大致分为四个阶段，如图 1-2 所示。

1965～1975 年，汽车电子产品由分立元件和集成电路组成，如晶体管收音机、集成电路调节器等。

1975～1985 年，主要发展专用的独立系统，如电子控制燃油喷射、防抱死制动装置等。

1985～2000 年，主要开发可完成各种功能的综合系统及各种车辆整体系统的微机控制，这个时代称为汽车的电子时代。

从 2005 年开始，主要发展集合电子技术（含微机技术）、优化控制、传感器技术、网络技术、机电一体化耦合交叉技术等综合技术的小系统，如自动防撞系统、动力最优化系统、自动驾驶（泊车）技术等。

学习任务1　汽车车身电器设备的正确使用

国内外汽车专家一致认为，今后汽车行业的竞争就是汽车电子技术的竞争，汽车电子领域的重点发展方向为：智能化、网络化、集成化、模块化和汽车软件等技术。

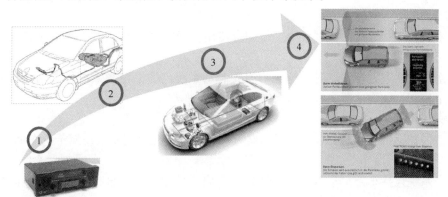

图1-2　汽车电子技术的发展

1-单体晶体管收音机；2-电子控制燃油喷射系统；3-电子控制行驶稳定系统；4-自动泊车控制系统

*2. 汽车电器设备由哪几部分组成？各部分分别实现什么功能？汽车电路主要有哪些特点？

现代汽车的电器设备种类和数量都很多，按照对汽车行驶性能作用的影响划分，除了电源、全车电路和配电装置之外，主要有两部分：一是电子控制装置，二是车载电子装置，如图1-3所示。

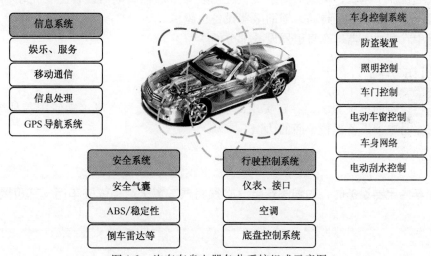

图1-3　汽车车身电器各分系统组成示意图

1）电源

汽车共有两个电源：蓄电池和发电机。发动机不工作时，由蓄电池供电；发动机工作后，由发电机供电。

2）全车电路及配电装置

不同车型的车身其电器设备尽管有所不同，但是汽车电路有一些基本的共同点：

（1）汽车电路采用低压直流电，目前汽油车普遍采用12V电压，中、重型柴油车因起动机功率大，所以多采用24V电压。

（2）大多数采用单线制供电，利用车身的金属机体作为搭铁回路。

（3）各用电设备的电路均采用并联连接，并受各自的开关控制。

（4）大量使用继电器。继电器是控制开关运动和保护装置，一般是利用开关控制继电器，再由继电器控制用电设备。

3）电子控制装置

汽车电控系统必须和车上的机械系统进行配合使用，即"机电结合"的汽车电子装置，汽车电控系统直接影响汽车的性能。

汽车电控系统包括电子燃油喷射系统、防抱死制动系统、防滑控制系统、牵引力控制系统、电子控制悬架、电子控制自动变速器、电子动力转向系统等。

4）车载电器

在汽车环境下能够独立使用的电子装置，与汽车本身性能无直接关系，属于汽车的附加部分。

（1）照明与信号。

照明与信号系统包括车外、车内的照明灯具、音响信号和灯光信号，提供车辆夜间安全行驶必要的照明与信号。

（2）组合仪表系统。

组合仪表系统用来监测发动机和汽车的工作情况，使驾驶人能够及时了解发动机及汽车运行的各种参数并发现异常情况，确保汽车正常运行。

（3）辅助电器系统。

辅助电器系统包括风窗玻璃刮水器和清洁器、电动车窗、电动后视镜、中央门锁、防盗装置、导航系统、音响及电视娱乐系统、车载通信系统、上网设备等。辅助电器设备主要是增加操作的舒适性和安全性。一般车辆的豪华程度越高，辅助电器设备也越多。

本书主要集中在车载电器即车身电器设备部分的学习。

二、计划与实施

汽车车身电器设备的种类繁多，各自实现的功能也不同。通过学习正确使用各种车身电器设备，能帮助你建立对车身电器设备比较全面的认识。

 小提示

在使用车身电器设备时，为确保安全，必须将汽车置于空挡或驻车挡，并拉紧驻车制动器操纵杆。

＊3. 请你按照提示，独立操作或小组合作，学习使用各种车身电器设备，并做好相应记录。

在进入驾驶室之前，需要使用合法钥匙打开车门，如图 1-4 所示。也可通过按下遥控器上的开锁开关来打开车门，如图 1-5 所示。

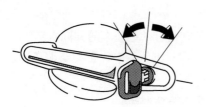

图 1-4　使用合法钥匙打开车门

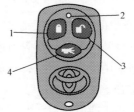

图 1-5　使用遥控器打开车门
1-锁定开关；2-指示灯；3-开锁开关；4-警报开关

学习任务1　汽车车身电器设备的正确使用

 小提示

对装备有防盗系统的车辆，如果使用非法钥匙打开车门，将触发警报装置。

在使用部分电器设备的过程中，需要插入点火钥匙并转至相应的位置，因此需要了解点火开关各位置的功能。花冠车的点火开关位置如图1-6所示。

"LOCK"——锁止位置。发动机停止工作且转向盘被锁定，只有在该位置上才能取下钥匙。

"ACC"——附件接通电源位置。可以操作收音机等附属设备，但发动机停止工作。

"ON"——点火位置，可以操作所有的附属设备，是正常驾驶时的位置。

"START"——起动位置，用于起动起动机，释放后钥匙将回到"ON"位置。

1）照明系统的使用

（1）使用停车灯、尾灯、牌照灯、前照灯。

如图1-7所示，转动前照灯/转向信号灯杆钮，分别至位置1、位置2停止。

　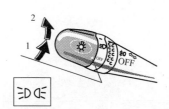

图1-6　点火开关的挡位　　　图1-7　转动前照灯/转向信号灯杆钮

根据你的观察，请说明开关在位置1时，哪些灯被点亮？开关在位置2时，哪些灯被点亮？仪表板上 ⇊🄳◧⇊ 在开关位于位置1和位置2时都亮吗？

 小提示

为了防止蓄电池过度放电，在发动机没有运转时，不要长时间打开车灯开关。

将开关保持在图1-7所示的位置2上，前后拉动前照灯/转向信号灯杆，如图1-8所示，观察前照灯照射光线的变化。

相比于位置2，灯杆处于位置1时，照射光线更_____（远/近）。

灯杆的位置3与位置1、2有什么不同？仪表板上 🄳◧ 始终都亮吗？

（2）使用前雾灯。

将开关保持在图1-7所示的位置1或2上，转动前照灯/转向信号灯杆上的环钮，如图1-9所示，观察前雾灯是否被点亮。

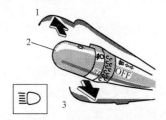 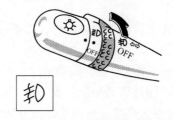

图1-8　前后拉动前照灯/转向信号灯杆　　　　图1-9　转动前照灯/转向信号灯杆上的环钮

前雾灯是否被点亮？仪表板上 是否同时被点亮？

（3）使用后雾灯。

后雾灯与前照灯开关、前雾灯开关所处的位置都有一定的关联。通过改变前照灯开关、前雾灯开关的位置，在不同情况下按下后雾灯开关，观察后雾灯是否被点亮。后雾灯开关如图1-10所示。

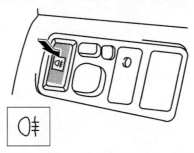

图1-10　后雾灯开关

后雾灯在什么条件下才能被点亮？

（4）使用车厢灯。

需要点亮车厢灯时，可将车厢灯开关滑移至相应位置，如图1-11所示。

车厢灯开关具有以下位置：

"ON"——全时间内，保持灯在发亮的状态。

"OFF"——将灯熄灭。

"DOOR"——任何一个车门打开时，此灯发亮。所有车门关闭后，此灯熄灭。

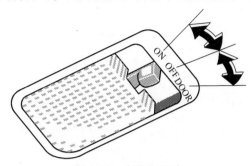

图1-11　车厢灯开关

将开关设置在"DOOR"位置，打开任何一个车门，然后关闭所有车门，观察车厢灯的变化并记录。

在使用花冠车型照明系统的各种灯光时，需要用到点火钥匙吗？

2）信号系统的使用

（1）使用转向信号灯。

插入点火钥匙并转至"ON"位置，向上或向下拉动前照灯/转向信号灯杆至位置1，如图1-12所示。观察转向信号灯是否闪亮。

向上拉动前照灯/转向信号灯杆至位置1时，_____（左/右）转向灯闪亮，表示_____（左/右）转向。

向下拉动前照灯/转向信号灯杆至位置1时，_____（左/右）转向灯闪亮，表示_____（左/右）转向。

（2）使用应急警告灯。

按下应急警告灯开关，如图1-13所示，观察所有转向灯的工作情况并记录。

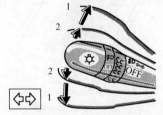

图1-12　向上或向下拉动前照灯/转向信号灯杆

图1-13　按下应急警告灯开关

所有转向灯是否闪亮？

应急警告灯的工作是否受点火开关控制?

同时打开应急警告灯开关和转向灯开关,观察转向灯的工作情况。

(3) 使用制动灯和高位制动灯。

踩下制动踏板,如图 1-14 所示,观察制动灯和高位制动灯是否点亮。

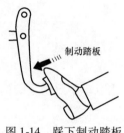

图 1-14　踩下制动踏板

(4) 使用倒车灯。

保持点火钥匙在"ON"位置,踩下制动踏板,并将换挡杆推至"R"挡,如图 1-15 所示。观察倒车灯是否点亮。

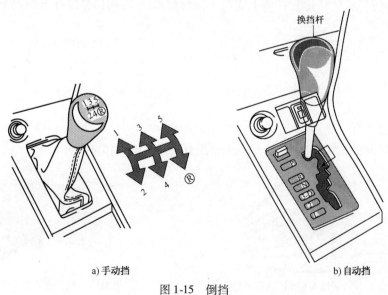

a) 手动挡　　　　　　　　　　　b) 自动挡

图 1-15　倒挡

3）组合仪表系统的使用

组合仪表的外观如图1-16所示，对比使用的花冠车型，说明各部分的名称。

1：转速表；2：维护提示指示器和指示灯；3：_____；4：自动变速器换挡位置指示灯；5：_____；6：_____；7：短距离里程表归零钮/仪表灯控制钮；8：里程表、双短距离里程表和仪表板灯控制显示器。

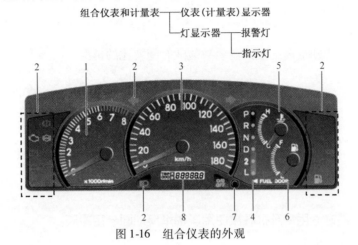

图1-16　组合仪表的外观

（1）使用燃油表（图1-17）。

插入点火钥匙并转至"ON"位置，观察燃油表指针是否摆动，并记录燃油表显示的燃油量。

"E"——Empty，表示空。

"F"——Full，表示满。

记录你使用的花冠车的油量。

（2）使用发动机冷却液温度表（图1-18）。

打开点火开关，记录发动机冷却液温度表的显示数值。起动发动机，观察发动机冷却液温度表的显示数值随时间变化的情况。

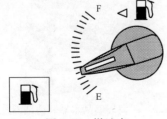 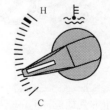

图1-17　燃油表　　　　　　　　图1-18　发动机冷却液温度表

"C"——Cool，表示冷。
"H"——Hot，表示热。
记录发动机起动前的冷却液温度。

记录发动机起动后，冷却液温度表的显示数值随时间变化的情况。

 小提示

为确保安全，最好使用举升机将被使用车辆举离地面一定距离。

（3）使用转速表。
起动发动机后，轻踩加速踏板，观察转速表的变化，如图 1-19 所示。

 小提示

禁止持续加速，使转速表上的指针进入红色区，否则会使发动机受到严重损坏。

4）辅助电器系统的使用
（1）使用风窗玻璃刮水器和清洁器。
风窗玻璃刮水器和清洁器开关如图 1-20 所示。花冠车型的刮水器有快速刮水、慢速刮水、间隙刮水、手动控制刮水等功能。插入点火钥匙并转至"ON"位置，根据图 1-20 所示改变刮水器和清洁器开关的位置，观察刮水器转动速度的变化。

"1"表示_____。
"2"表示_____。
"3"表示_____。

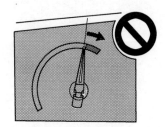 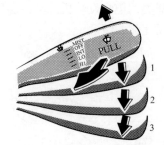

图 1-19　禁止将发动机转速升至红色区域　　图 1-20　风窗玻璃刮水器和清洁器开关

A：快速刮水；B：慢速刮水；C：间歇刮水。

向内拉动刮水器和清洁器开关时，清洗器是否喷射清洗液？

（2）使用电动车窗。

驾驶人侧的电动车窗开关如图1-21所示。保持点火钥匙在"ON"位置，轻轻按下或上拉开关，观察车窗玻璃是否打开或关闭。

将开关完全按下或完全拉起，比较车窗玻璃的工作情况与轻轻按下或上拉开关时车窗玻璃的工作情况有什么不同？

图1-21 驾驶人侧电动车窗开关

车窗锁止开关的作用是什么？

（3）使用电动后视镜。

电动后视镜开关如图1-22所示。保持点火钥匙在"ACC"或"ON"位置，操作电动后视镜开关，观察电动后视镜的工作情况。

电动后视镜主开关的作用是什么？控制开关的作用是什么？

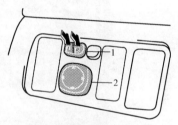

图1-22 电动后视镜开关

1-电动后视镜主开关；2-电动后视镜控制开关

（4）使用电动门锁。

电动门锁开关如图1-23所示。保持点火钥匙在"ON"位置，操作电动门锁开关，观察门锁的工作情况。

使用电动门锁锁门后，从车外能打开车门吗？

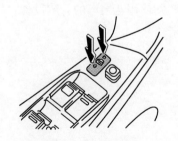

图1-23 电动门锁开关

（5）使用防盗装置。

降下驾驶人侧电动车窗，拔出点火钥匙，关闭所有车门，按下遥控器的锁定开关，如图1-24所示。观察安全指示灯是否开始闪烁，如图1-25所示。

图1-24　设置防盗

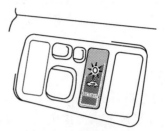

图1-25　安全指示灯

通过打开的驾驶人侧车窗，伸手进入驾驶室，拉动门控开关，打开驾驶人侧车门，此时是否触发报警装置？

（6）使用音响系统。

将点火钥匙转至"ACC"或"ON"位置，就可以打开音响系统。图1-26所示为汽车音响控制面板。

图1-26　汽车音响控制面板

通过实际使用花冠车的音响设备，熟悉音响控制面板上各按钮的功能。

4. 通过使用花冠车型的电器设备,你应该对车身电器设备有比较全面的认识。结合你的工作体会,正确回答下列问题。

(1) 在已使用的电器设备中,哪些设备受点火开关控制,哪些设备不受点火开关控制?

(2) 查阅相关资料,列举几种本学习任务中未提及的车身电器设备。

  5. 请你为客户提供一些正确使用汽车电器设备的建议,并简要说明理由。

(1) 花冠车型为车主提供了两种钥匙:主钥匙(黑色)和备用钥匙(灰色),两种钥匙的区别在于_____不能打开行李舱。所以在让他人代为停车时,最好提供_____(主钥匙/备用钥匙)。

(2) 使用带转发器芯片的钥匙时,注意不要出现以下情况,如图1-27所示。

① 将钥匙环搁置在钥匙柄上,如图1-27a)所示。
② 使用环绕在一起的钥匙起动发动机,如图1-27b)所示。
③ 弯曲钥匙柄,如图1-27c)所示。

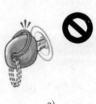  

a)　　　　　　　　b)　　　　　　　　c)

图1-27　钥匙的不正确使用

请向客户简要说明原因。

图 1-28 调节座位
1-座位位置调节杆；2-座位高度调节钮；
3-座位靠背角度调节杆；4-座位腰部支撑调节杆

（3）安全气囊张开时，会产生相当大的冲击力，如果驾驶人过于靠近安全气囊，可能会导致死亡或严重受伤。因此在保证驾驶人能舒适地踩到踏板、控制转向盘的前提下，将座位尽量向后移。通过调节座位，如图 1-28 所示，使得转向盘中心到胸骨的距离大于 250mm，保证有一个合适的安全范围。

在需要调节座位前后位置时，握住座位位置调节杆中间并向上拉，然后利用轻微的身体压力把座位滑动到所需要的位置，将杆释放。

基于相同的原因，在驾驶车辆的过程中，要注意不要出现以下情况，否则可能会造成人员伤害。如图 1-29 所示。

① 坐在座位的边缘或靠在仪表板上。
② 有小孩站起或跪在前座乘客座位上。
③ 乘客抱幼儿坐在前排。
④ 有物品堆放在仪表板或转向盘的上面或前方。

图 1-29 易造成人员伤害的几种情况

小提示

安全气囊系统只是一种辅助安全系统，如果驾驶人和前排乘客没有正确扣好座位安全带，则安全气囊在张开时有可能导致驾驶人和前排乘客死亡或严重受伤。

（4）汽车收音机依靠印刷在后车窗上的天线收取信号，如果在后车窗玻璃上粘贴薄膜，有可能减弱收音机的接收灵敏度。

（5）请向客户说明以下部分仪表板指示灯的作用及正常工作的情况。

安全气囊警告灯：

正常工作状态：将点火钥匙转至"ON"位置时，该指示灯点亮，约 6s 后熄灭。该指示灯出现异常工作状态时，说明安全气囊或座位安全扣带预拉装置功能失常，需要检修。

 充电系统警告灯

正常工作状态：

该指示灯出现异常工作状态时，说明：

学习任务1　汽车车身电器设备的正确使用

[功能故障指示灯图标] 功能故障指示灯

正常工作状态：

该指示灯出现异常工作状态时，说明：

(ABS) 防抱死制动系统警告灯

正常工作状态：

该指示灯出现异常工作状态时，说明：

(ABS) 与 (!) 有什么区别？

三、评价反馈

1. 学习自测题

（1）汽车电路的特征有（　　）。
　　A. 并联单线　　　　B. 一个电源　　　　C. 负极搭铁　　　　D. 低压直流
（2）只有将点火钥匙置于（　　），才能操作各种电器设备。
　　A. LOCK　　　　　B. ACC　　　　　　C. ON　　　　　　　D. STA
（3）花冠车型的电动刮水装置控制开关位置有（　　）。
　　A. LO　　　　　　B. HI　　　　　　　C. MIST　　　　　　D. INT
（4）当仪表板的防盗指示灯点亮时，说明车辆已经进入防盗状态。（　　）
　　A. 正确　　　　　　B. 错误

(5) 未来的汽车电子技术将朝智能化、网络化方向发展。（　　）
　　A. 正确　　　　　　　　B. 错误

2. 维修信息获取练习

通过维修手册查阅带自动照明控制的花冠车型照明系统的使用信息。

3. 学习目标达到程度的自我检查（表1-1）

自我检查表　　　　　　　　　　　　　　　　　　　　　　　　　　表1-1

序号	学习目标	达到情况（在相应的选项后打"√"）		
		能	不能	如果不能，是什么原因
1	叙述电器系统的发展历程			
2	概括车身电器设备的组成与作用			
3	正确操作各种车身电器设备			
4	为客户提供正确使用车身电器设备的建议			

4. 日常表现性评价（由小组长或者组内成员评价）

(1) 工作页填写情况。（　　）
　　A. 填写完整　　　　B. 缺失0~20%　　　C. 缺失20%~40%　　　D. 缺失40%以上
(2) 工作着装是否规范？（　　）
　　A. 穿着校服（工作服），佩戴胸卡　　　　B. 校服或胸卡缺失一项
　　C. 偶尔会既不穿校服又不戴胸卡　　　　D. 始终未穿校服、佩戴胸卡
(3) 能否主动参与工作现场的清洁和整理工作？（　　）
　　A. 积极主动参与5S工作　　　　　　　　B. 在组长的要求下能参与5S工作
　　C. 在组长的要求下能参与5S工作，但效果差　D. 不愿意参与5S工作
(4) 升降汽车举升器或起动发动机时，有无进行安全检查并警示其他同学？（　　）
　　A. 有安全检查和警示　　　　　　　　　B. 有安全检查无警示
　　C. 无安全检查，有警示　　　　　　　　D. 无安全检查，无警示
(5) 是否达到全勤？（　　）
　　A. 全勤　　　　　　　　　　　　　　　B. 缺勤0~20%（有请假）
　　C. 缺勤0~20%（旷课）　　　　　　　　D. 缺勤20%以上
(6) 总体印象评价。（　　）
　　A. 非常优秀　　　　　　　　　　　　　B. 比较优秀
　　C. 有待改进　　　　　　　　　　　　　D. 急需改进

（7）其他建议：

小组长签名：_____　　　　　　_____年_____月_____日

5. 教师总体评价

（1）对该同学所在小组整体印象评价。（　　）

　　A. 组长负责，组内学习气氛好

　　B. 组长能组织组员按要求完成学习任务，个别组员不能达到学习目标

　　C. 组内有30%以上的学员不能达到学习目标

　　D. 组内大部分学员不能达到学习目标

（2）对该同学整体印象评价：
_____
_____
_____。

教师签名：_____　　　　　　_____年_____月_____日

学习任务2 汽车照明系统的检测与维修

学习目标

完成本学习任务后,你应当能:
1. 叙述照明系统的组成、功能与工作过程;
2. 识读常规车型照明系统电路,查阅相关资料,分析照明系统故障的原因;
3. 在教师指导下,制订照明系统的诊断、维修或元件更换计划;
4. 实施计划,按专业要求独立或合作完成照明系统的电路检修和元件更换;
5. 调整前照灯的光束照射位置。

建议完成本学习任务为18学时

内容结构

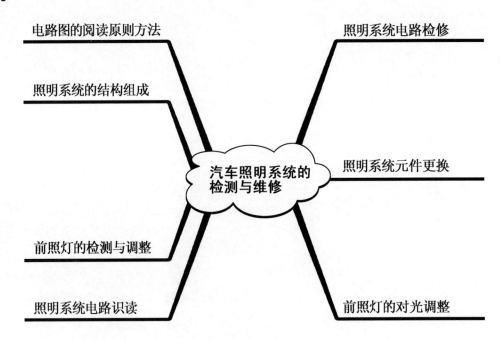

学习任务2　汽车照明系统的检测与维修

学习任务描述

请按专业水平对照明系统进行检查，如有必要请维修或更换照明系统的元件、线路，解决照明系统的故障。

汽车照明系统是汽车的重要组成部分，主要用于夜间照明道路、标示车宽度、车内照明、仪表和夜间检修等，其工作的好坏直接决定车辆的行驶安全。

一、学习准备

*1. 在检修汽车照明系统之前，需要熟悉汽车照明系统的组成部分和功能，汽车照明系统包括哪些部件，各部件分别具备什么功能？

汽车照明系统由电源、照明装置、控制部分组成。控制部分包括各种灯光开关和继电器等。

1）照明装置

照明装置包括外部灯、内部灯和工作照明灯。

外部灯包括前照灯、示宽灯、尾灯、雾灯、牌照灯等，如图2-1所示；内部灯包括仪表灯、顶灯等，工作照明灯包括行李舱灯等，如图2-2所示。

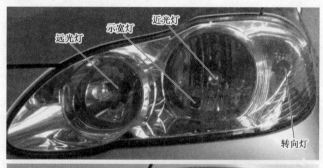

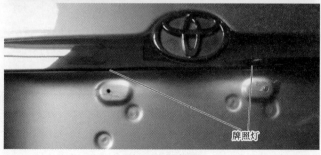

图2-1　外部灯

参照图2-1、图2-2，小组合作，在对应的实训车辆上查找照明装置的各个相应部件。

a) 仪表灯

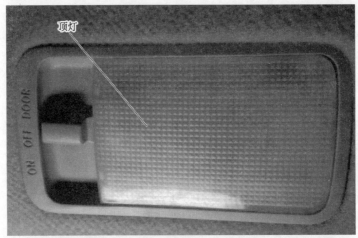

b) 顶灯

c) 行李舱灯

图 2-2　内部灯和工作照明灯

（1）前照灯。

前照灯由灯泡、反射镜和配光镜组成，如图2-3所示，主要用于夜间行车时的道路照明，光线颜色为白色。反射镜的作用是将灯泡的光线聚合并导向前方，使前照灯的照明距离达到150m或更远；配光镜又称散光玻璃，作用是将反射镜反射出的平行光束进行折射，使车前路面和路缘都有良好而均匀的照明。

现代汽车更多采用无配光镜的多反射镜式前照灯。相比于传统的前照灯，由于多反射镜式前照灯以透镜代替配光镜，因此可实现更清晰的照明效果。其工作过程如图2-4所示。

现代汽车的前照灯的灯泡主要有卤钨灯泡、氙气放电灯（HID灯）。

HID灯使用装在石英管内的两个电极取代传统的灯丝；灯管内有一颗小玻璃球，其中填充氙气及少许金属汞，在电流和超高电压作用下，氙气与金属汞产生激烈的化学反应，释放出强光，其亮度是卤钨灯的5倍。

相比于卤钨灯泡，HID灯具有亮度高、节能、使用寿命长等特点。

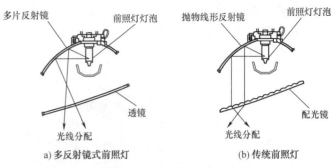

图 2-3　前照灯灯芯总成　　　　　　　　图 2-4　多反射镜式前照灯

前照灯包括远光灯和近光灯，可以由两个灯泡分别承担远光和近光的功能，也有部分汽车采用双丝灯泡的前照灯，即灯泡内同时有"远光"灯丝和"近光"灯丝。远光灯丝功率较大，位于反射镜的焦点，能使前照灯光束射向远方，便于提高车速；近光灯丝功率较小，位于焦点上方或前方，能使光束倾向路面，从而避免迎面来车的驾驶人炫目，并使车前 50m 内的路面也照得十分清晰。图 2-5 分别显示远光灯、近光灯的照射位置和照明效果。

图 2-5　近光灯、远光灯的照射位置和照明效果

花冠车型的远光灯和近光灯是通过使用双丝灯泡的形式实现的吗？

远光灯和近光灯都可用于夜间行车照明，小组讨论，分析它们的使用场合有什么不同。

（2）雾灯。

雾灯的结构(图2-6)与前照灯相近,包括前雾灯和后雾灯。前雾灯的安装高度较低,多安装在车外保险杠上;后雾灯则装在后部组合灯组中。

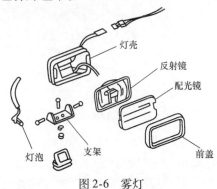

图2-6 雾灯

雾灯有什么特点?汽车驾驶人在什么场合下要使用雾灯?

(3)牌照灯。

牌照灯的结构如图2-7所示,保证车辆在夜间行驶时后方车辆驾驶人能看清牌照上的文字、数字。

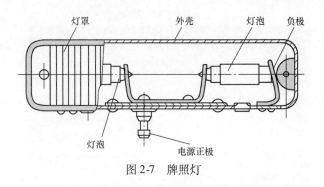

图2-7 牌照灯

2)组合开关

组合开关的灯光控制多为旋转式开关,如图2-8a)所示。普通灯光控制开关有3个挡位:当开关处于"OFF"位置时,照明电路不导通;当开关处于第1个挡位时,示宽灯、_____点亮;当开关处于第2个挡位时,示宽灯、_____点亮。

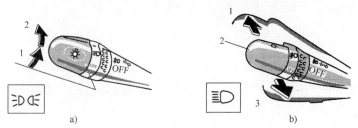

图2-8 灯光控制开关和变光控制开关

组合开关的变光控制为手柄开关,如图2-9b)所示。变光控制开关有"远光"、"近光"、"超车"3个挡位。

当灯光控制开关处于第一个挡位时，前照灯点亮吗？

处于超车挡的前照灯是用于照明用途吗？处于超车挡、远光挡的前照灯的工作情况有什么不同？

二、计划与实施

*2. 一辆花冠车进厂修理。据客户反映夜间行车使用前照灯时，只有近光灯亮，变光至远光灯时，全部的远光灯都不亮。针对客户反映的情况，如何初步制订检修计划？

在实际检修过程中，专业人员首先应根据客户的反映情况进行试车，再根据车辆出现的故障，有针对性地制订进一步的检修计划。小组合作，在待修车辆上验证故障并记录在表2-1。

车辆故障记录表　　　　　　　　　　　　　　表2-1

车辆型号（VIN码）	
发动机型号	
外观目检（整车）	
客户投诉	近光灯亮，远光灯不亮
故障现象记录	

*3. 在确认车辆的电器故障后，要通过分析电路图才能初步判断故障的可能部位，这就涉及电路图的阅读。汽车电路图有哪些类型，各自的特点是什么？

汽车电路图主要有：布线图、电路原理图、线束图，如图2-9所示。

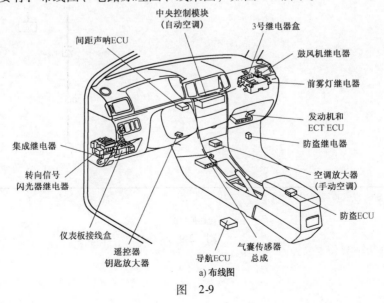

a) 布线图

图 2-9

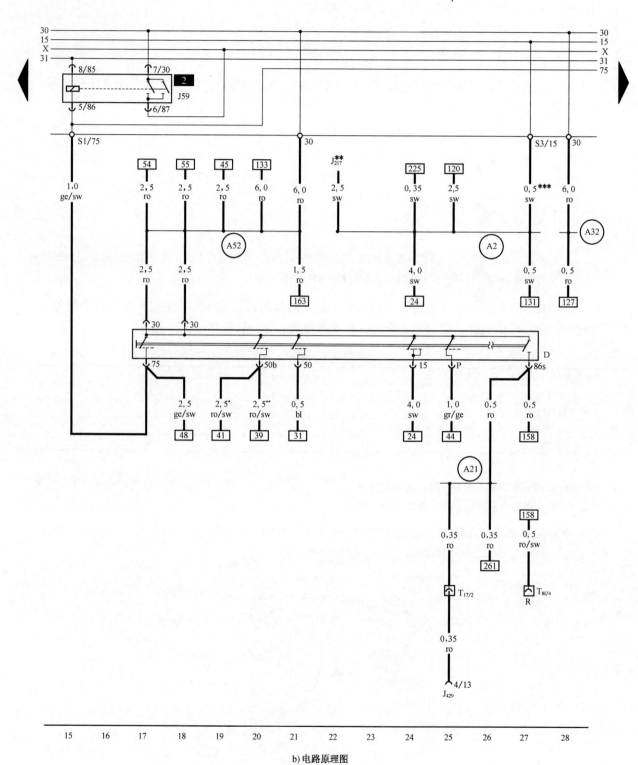

b) 电路原理图

图 2-9

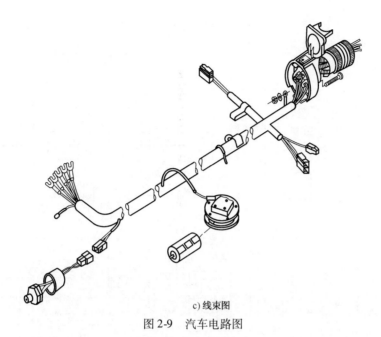

c）线束图

图 2-9 汽车电路图

小组讨论：布线图、电路原理图、线束图的特点是什么？

*4. 电路原理图能够反映出电器内部电路的工作关系，是分析电器故障的必需资料。阅读汽车的电路原理图有哪些一般性的原则和方法？

不同的汽车厂家绘制的电路图不尽相同，但都遵循一些基本原则。如果掌握以下的一般性原则和方法，会极大地降低读图的难度。

（1）读图时应注意明确电路图的标注和符号、电器部件的数量及功用。

（2）对于复杂的电路可采用分割法，按整车电路系统的各个不同功能划分成若干独立的电路系统，根据需要选择有用的电路部分进行分析。

（3）为了防止线路交叉引起读图错误，读图时应注意电路中的标注，编码相同的导线一定相连。

（4）要了解继电器的工作状态，可将继电器的线圈和触点看成是主回路和控制回路两部分。电路图中所有继电器线圈、开关的画法都是处于失电状态。

（5）寻找局部电路时，牢记回路原则，从电源→熔断丝→控制开关→用电设备→搭铁的顺序进行。

以阅读图 2-10 的丰田车系电路图为例，根据电路阅读的一般性原则和方法，首先必须明确图 2-10 的标注和符号、电器部件的数量及功用。丰田车系电路图中各种符号和术语见表 2-2。

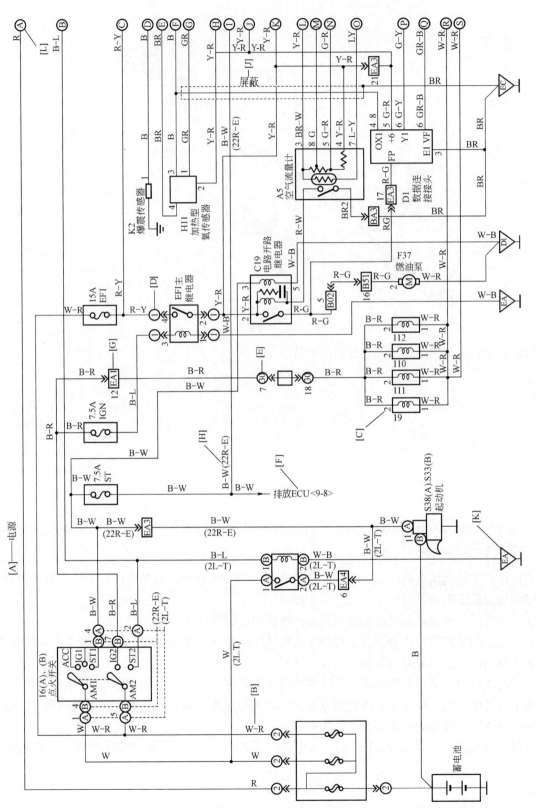

图 2-10 丰田车系电路图

学习任务2 汽车照明系统的检测与维修

丰田车系电路图中各种符号和术语 表2-2

符 号	术 语	符 号	术 语
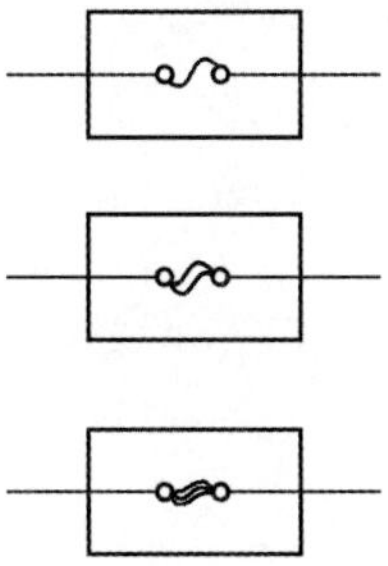	熔断丝		电动机
		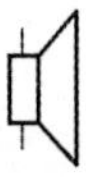	扬声器
		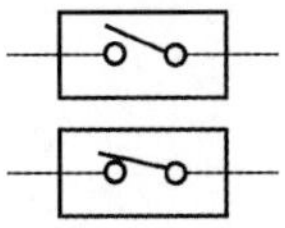	手动开关 1. 常开； 2. 常闭
⊥	搭铁	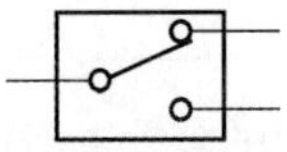	
	继电器 1. 常闭； 2. 常开		双投掷开关
			点火开关
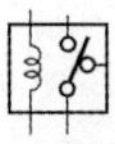	双流向继电器		
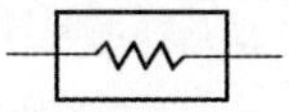	电阻	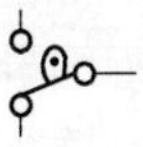	刮水器停放位置开关
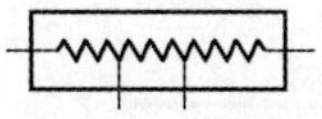	按键式变阻器	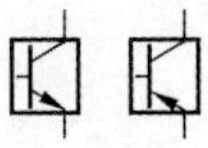	三极管
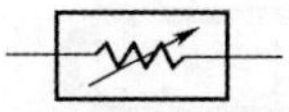	无级可变电阻器	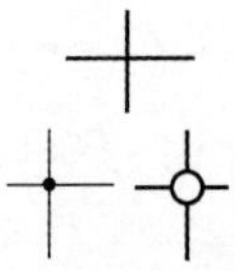	配线 1. 不连接； 2. 铰接
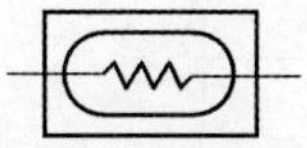	热敏电阻传感器		
	模拟速度传感器	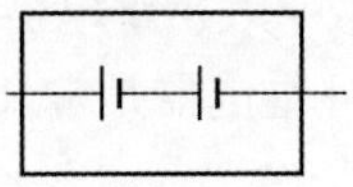	蓄电池
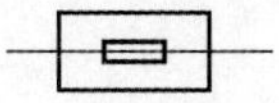	短路插销	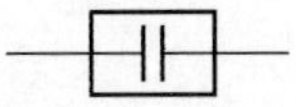	电容器
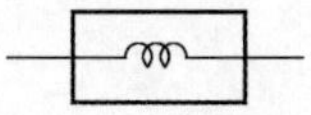	电磁阀或电磁线圈	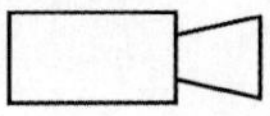	点烟器
	模拟式仪表		断路器
 FUEL	数字式仪表		

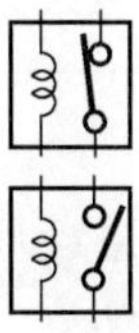

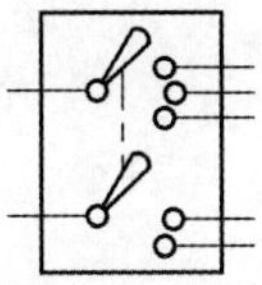

续上表

符　号	术　语	符　号	术　语
	二极管		喇叭
	稳压二极管		
	分电器、集成点火装置		点火线圈
	前照灯（单灯丝、双灯丝）		小灯
			发光二极管

图2-10的丰田车系电路图中的各个标记的含义如下：

[A]表示系统的标题及标记，根据电路图功能独立的原则，不同功能的各个电路系统应单独绘制电路图。图2-10所示的是_____电路。

[B]表示电路中的配线颜色。B表示_____，BR表示_____，W表示_____，B-O表示_____。

A. 黑色　　B. 白色　　C. 黑色底、橙色条纹　　D. 棕色

[C]表示连接器（图2-11）的引脚编号。插座（阴插件）与插头（阳插件）的编号方法不同，其中插座的编号顺序为从左到右、从上到下，插头的编号顺序为_____，如图2-12所示。

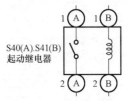

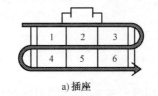

图2-11　元件连接器图　　　　　　　图2-12　连接器的编号规则

[D]表示继电器盒，圈内数字表示继电器盒号码，如1表示1号继电器盒。

图2-10中显示的EFI MAIN继电器是常开型的还是常闭型的？

[E]表示接线盒(圈内数字表示接线盒号，圈旁的数字表示引脚编号)如图2-13所示。3C表示连接器位于3号接线盒内C位置，7、15表示该连接器的引脚。

[F]表示相互关联的系统。图2-10所示为该导线需连接到其他的电路系统中。

[G]表示线束和线束线连接用的连接器。带插头的线束用箭头(▽)表示，外侧号码是端子号。

[H]( )用来表示因车型、发动机类型或规格的不同而不同的导线和连接器。图2-10所示为：22R–E发动机才有这根导线。

[I]表示屏蔽的电气配线，如图2-14所示。

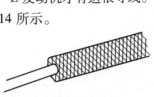

图2-13 接线盒

图2-14 屏蔽线

[J]表示搭铁位置。

[K]相同的代码出现在下一页，表示线束是连续的。

*5. 运用电路原理图的阅读原则和方法，分析花冠车型前照灯的电路图，归纳近光灯亮、远光灯不亮这一故障的可能发生部位并检测。

1) 花冠车型前照灯电路分析

图2-15所示为花冠车型前照灯的电路图，分析花冠车型前照灯的工作过程。

在前照灯和倒车灯的电路图中有蓄电池、前照灯熔断丝、点火开关、_____、多个中继线连接器、继电器盒、前照灯、_____等电器元件。

小提示

许多车型使用表格法表示组合开关内部的挡位连接，当开关处于其中任何一挡时，将所有该挡位导通的引脚标上"."并通过线段连接，如图2-15中C8组合开关所示。

(1) 左前远光灯(HIGH)电路。

蓄电池正极→_____→1 1A→HEAD LH 15A 熔断丝→_____→J22中继线连接器→左前远光灯H11→_____→10 2F→变光开关接通远光挡(HIGH)，由HU引脚入→变光开关远光挡的ED引脚出→_____→灯控制开关前照灯挡(HEAD)EL引脚出→J2中继线连接器→IE位置搭铁。

(2) 右前远光灯(HIGH)电路。

蓄电池正极→_____→1 1A→HEAD RH 15A 熔断丝→_____→J1中继线连接器→右前远光灯H13→_____→10 2F→变光开关接通远光挡(HIGH)，由HU引脚入→变光开关远光挡的ED引脚出→_____→灯控制开关前照灯挡(HEAD)EL引脚出→J2中继线连接器→IE位置搭铁。

(3) 仪表板远光指示灯(HIGH)电路。

蓄电池正极→_____→1 1A→DOME 15A 熔断丝→_____→4 2H→_____→J34中继线连接器A引脚→J35中继线连接器B引脚→J32中继线连接器→仪表板远光指示灯→_____→

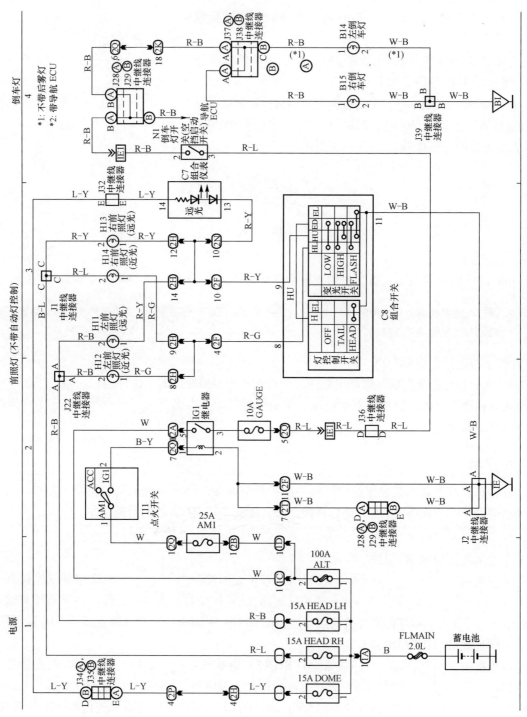

图 2-15 前照灯（不带照明控制系统）和倒车灯电路图

学习任务2　汽车照明系统的检测与维修

10 2F→变光开关接通远光挡(HIGH)，由 HU 引脚入→变光开关远光挡的 ED 引脚出→_____→灯控制开关前照灯挡(HEAD)EL 引脚出→J2 中继线连接器→IE 位置搭铁。

（4）左前近光灯(LOW)电路。

蓄电池正极→_____→1 1A→HEAD LH 15A 熔断丝→_____→J22 中继线连接器→左前近光灯 H12→_____→4 2F→变光开关接通近光挡(LOW)，由 HL 引脚入→变光开关近光挡的 ED 引脚出→_____→灯控制开关前照灯挡(HEAD)EL 引脚出→J2 中继线连接器→IE 位置搭铁。

（5）右前近光灯(LOW)电路。

蓄电池正极→_____→1 1A→HEAD RH 15A 熔断丝→_____→J1 中继线连接器→右前近光灯 H14→_____→4 2F→变光开关接通近光挡(LOW)，由 HL 引脚入→变光开关近光挡的 ED 引脚出→_____→灯控制开关前照灯挡(HEAD)EL 引脚出→J2 中继线连接器→IE 位置搭铁。

花冠车型在接通远光灯电路时，近光灯点亮吗？

当出现近光灯亮，远光灯不亮的故障时，可能是由于以下_____原因造成的。

A. 远光灯线路损坏　　B. HEAD 熔断丝损坏　　C. 点火开关损坏
D. 灯控制开关损坏　　E. 变光开关损坏　　F. 远光灯故障

小提示

在初步确定发生故障的可能因素后，遵循从简单元件到复杂元件的检测程序可节约检修时间，提高检修工作的效率。

2）花冠车型前照灯可能故障部件的检测

（1）检查前照灯变光器开关导通性（不带照明控制系统）。

前照灯变光器开关位于 C8 组合开关内，C8 组合开关在车辆上的位置如图 2-16 所示。将检测结论记录在表 2-3 中。前照灯采光器开关总成如图 2-17 所示。

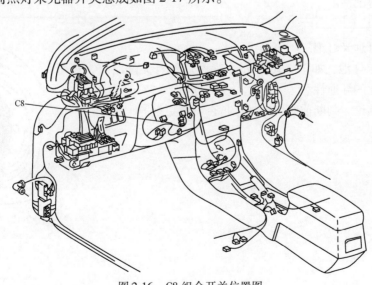

图 2-16　C8 组合开关位置图

检查前照灯变光器开关导通性　　　　表 2-3

测试仪连接	开关操作	规定电阻	检 测 值
8 – 11 9 – 11	闪烁	<1Ω	
8 – 11	近光	<1Ω	
8 – 11 9 – 11	远光	<1Ω	

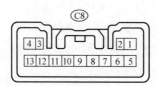

图 2-17　前照灯(不带照明控制系统)变光器开关总成

 小提示

通电状态下的线路测量只能使用万用表的直流电压挡，禁止使用电阻挡测量线路的导通情况。

如检查值不符合要求，说明前照灯变光器开关已经损坏。请你根据检测结论，判断前照灯变光器开关是否需要更换。

 小提示

引发故障的因素可能不只一个，所以建议检测完所有可能发生故障的部件后，才进行维修或更换损坏零部件。

（2）检查前照灯远光灯泡。

拆卸前照灯远光灯泡，如图 2-18 所示。观察灯丝有无烧断等，还可使用万用表测量灯丝的导通性。

请你根据检测结论，判断前照灯远光灯是否需要更换。

图 2-18　拆卸前照灯远光灯泡

（3）检查远光灯线路（不带照明控制系统）。

由于该故障是只有远光灯不亮，所以只需检测与近光灯不同的线路部位。可以使用万用表或测试灯检测线路。以无源测试灯的使用为例，将无源测试灯的夹子夹在搭铁位置，当测试灯的探针接触到有电压的位置时，测试灯就会点亮，其工作原理如图 2-19 所示。

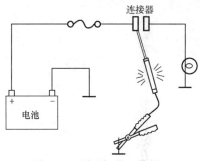

图 2-19　测试灯的工作原理

 小提示

测试灯不能用来测量稳态电子线路的电源和高灵敏度电路（这些电路只能用内阻大于 20MΩ 的仪表测量）。

① 检查 J22、J1、J32 中继线连接器。将万用表分别连接中继线连接器 J22 的 A 引脚、J1 的 C 引脚、J32 的 E 引脚和车身搭铁。J22、J1 中继线连接器的位置如图 2-20 所示。J32 中继线连接器的位置如图 2-21 所示。J1、J22、J32 中继线连接器如图 2-22 所示。将检测结论记录在表 2-4 中。

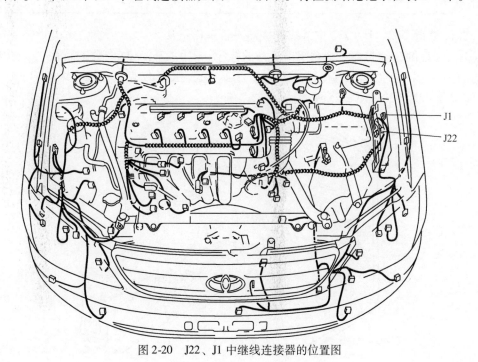

图 2-20　J22、J1 中继线连接器的位置图

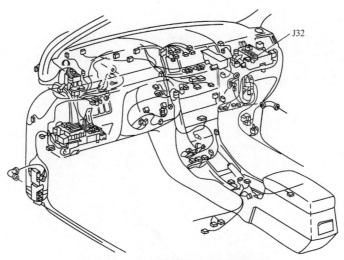

图 2-21　J32 中继线连接器的位置图

图 2-22　J1、J22、J32 中继线连接器

检查 J22、J1、J32 中继线连接器　　　　　　　　　　　　　　　　　　　　　　　　　表 2-4

连 接 位 置	J22 中继线连接器	J1 中继线连接器	J32 中继线连接器
测试值			

根据测试值，判断 J22、J1、J32 中继线连接器是否工作正常。

② 检查2H、2F和2N连接器。根据丰田车系的标注，2H、2F、2N中数字表示＿＿＿号接线盒，字母 H、F 表示该连接器在接线盒中的位置。即2H、2F、2N表示是仪表板接线盒内的 H、F、N 位置的连接器。具体位置如图 2-23～图 2-25 所示。

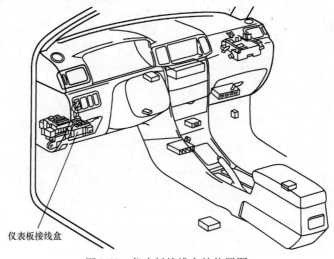

图 2-23　仪表板接线盒的位置图

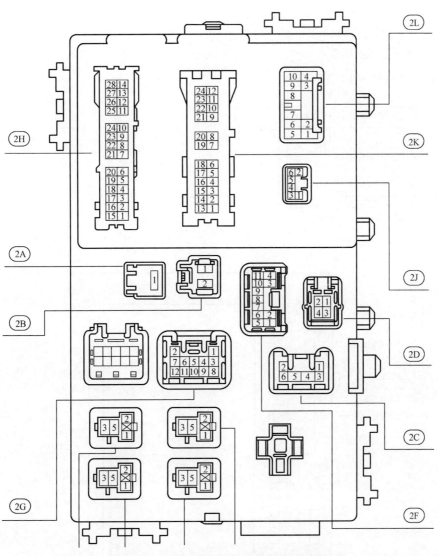

图 2-24 仪表板接线盒内连接器的位置图

由于仪表板接线盒测量不变,请参考图 2-15,分析应如何检测 14 2H、12 2H、10 2N、10 2F 的导通性,将检测结论记录在表 2-5 中。

检查部分连接器 　　　　　　　　　　　　　　　　　　　　　　　表 2-5

连接位置	14 2H - 搭铁	12 2H - 搭铁	10 2N - 搭铁	10 2F - 搭铁
测试值				

完成电路和元件检测后,将检测结论填写在表 2-6 中,并确定需要更换的元件。

花冠车前照灯远光不亮故障诊断表 　　　　　　　　　　　　　　表 2-6

检测部位	变光器开关	灯　泡	远光灯线路
故障部位			

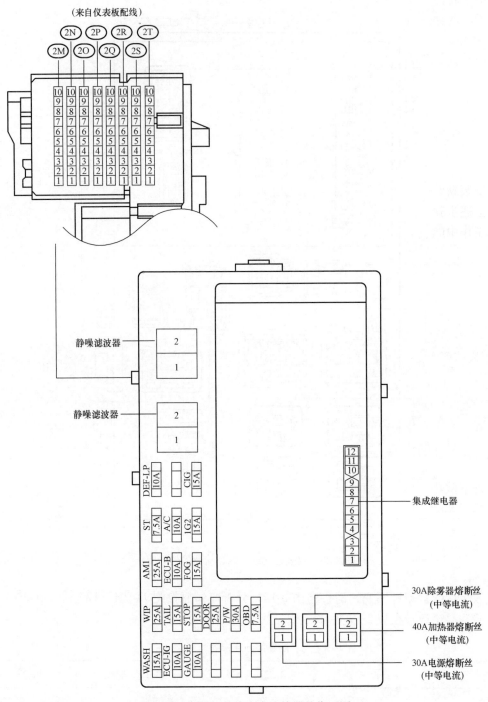

图 2-25 仪表板接线盒内连接器的位置图

*6. 完成电路和元件检测后,需要更换故障元件。在教师指导下,查阅相关资料,按专业要求独立或合作完成故障元件的更换计划。

在更换故障元件时,宜遵循从易至难的原则逐一更换故障元件。
1) 更换前照灯变光器开关总成
以下为维修手册提供的更换前照灯变光器开关总成的步骤:

（1）拆下转向柱盖。
（2）拆下前照灯变光器开关总成，如图2-26所示。

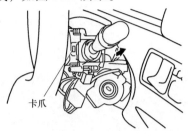

图2-26　拆卸前照灯变光器开关总成

（3）安装新的前照灯变光器开关总成。

参照上述步骤，你能否独立或小组合作完成前照灯变光器开关总成的更换？如不能完成，请描述你在维修工作中的困难。

2）更换前照灯远光灯泡

 小提示

以下所列步骤适合左侧灯泡的更换，左右两侧采用相同的步骤。安装步骤和拆卸步骤相反。遇有拆卸与安装步骤不同时会特别指明。

（1）拆下散热器格栅。
（2）拆下左前翼子板内衬板，如图2-27所示。
① 用卡子拆卸器拆下2个卡子。
② 拆下螺钉和左前翼子板内护板的一部分。

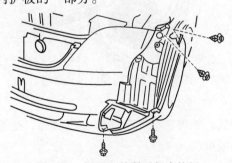

图2-27　拆下左前翼子板内护板

 小提示

在前保险杠盖能被拆卸的范围内，拆下螺钉、卡子和左前翼子板内护板。

（3）拆下右前翼子板内衬板。
（4）拆下前保险杠罩，如图2-28所示。
① 拆下2个螺钉和3个卡子。
② 拆下挂钩和前保险杠盖。
③ 断开雾灯连接器（带雾灯）
④ 断开传感器连接器（带传感器）。
（5）拆下左前照灯总成，如图2-29所示。

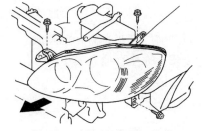

图2-28　拆下前保险杠罩　　　　　　图2-29　拆卸左前照灯总成

 小提示

更换照明系统的灯泡时，切勿用手指触及灯泡玻璃壳部分。受皮肤油脂污染过的玻璃壳，会大大缩短其寿命。拿灯泡时只应拿基座。

（6）拆下前照灯远光灯泡，如图2-30所示。

图2-30　拆卸前照灯远光灯泡

3）更换远光灯线路

通常线路发生故障的概率较低，如确定远光灯线路存在故障，也应遵循由易至难的原则，先更换熔断丝、继电器等，最后才更换线束。

 小提示

更换损坏的线路、熔断丝时，必须使用相同规格的导线、熔断丝，最好能更换与原线路相同颜色的导线。

学习任务2　汽车照明系统的检测与维修

*7. 花冠车型前照灯的其他常见故障可参考表 2-7 的照明系统故障症状表，小组合作分析讨论照明系统故障症状表并回答相应问题。

花冠车型前照灯和尾灯系统故障症状表　　　　　　　　　　　　　　　　表 2-7

症　状	故障可能发生部位
仅一个前照灯亮	(1) 灯泡损坏； (2) 左、右前照灯熔断丝断裂（不带自动照明控制系统）； (3) 左、右近光熔断丝断裂（带自动照明控制系统）； (4) 线束故障
"近光"不亮（全部）	(1) 左、右前照灯熔断丝断裂（不带自动照明控制系统）； (2) 左、右近光熔断丝断裂（带自动照明控制系统）； (3) 前照灯继电器故障（带自动照明控制系统）； (4) 前照灯变光器开关故障（不带自动照明控制系统）； (5) 前照灯变光器开关故障（带自动照明控制系统）； (6) 集成继电器故障（带自动照明控制系统）； (7) 线束故障
"远光"不亮（"近光"正常）	(1) 左、右远光熔断丝断裂（带自动照明控制系统）； (2) 前照灯变光器开关故障（不带自动照明控制系统）； (3) 前照灯变光器开关故障（带自动照明控制系统）； (4) 线束故障
"远光"不亮（单侧）	(1) 左、右远光熔断丝断裂（带自动照明控制系统）； (2) 灯泡损坏； (3) 线束故障
"闪光灯"不亮	(1) 前照灯变光器开关故障（不带自动照明控制系统）； (2) 前照灯变光器开关故障（带自动照明控制系统）； (3) 线束故障
前照灯光线弱	(1) 灯泡损坏； (2) 线束故障
仅一个尾灯亮	(1) 灯泡故障； (2) 线束故障
尾灯不亮（前照灯正常）	(1) 尾灯熔断丝断裂； (2) 尾灯继电器故障（带自动照明控制系统）； (3) 前照灯变光器开关故障（不带自动照明控制系统）； (4) 前照灯变光器开关故障（带自动照明控制系统）； (5) 集成继电器故障（带自动照明控制系统）； (6) 线束故障
尾灯不亮（前照灯也不亮）	(1) 前照灯变光器开关故障（不带自动照明控制系统）； (2) 前照灯变光器开关故障（带自动照明控制系统）； (3) 集成继电器故障（带自动照明控制系统）； (4) 线束故障

（1）如果故障现象为"单侧远光灯不亮"时，为什么只需检查灯泡、线束，而无须检查前照灯变光器开关，参照花冠车型前照灯电路图加以说明。

（2）观察花冠车型前照灯和尾灯系统故障症状表有什么特点，请加以说明。

8. 在部分情况下，当完成了前照灯系统的检修后，还需要对前照灯进行对光调整。前照灯的对光调整有哪些项目，怎样实现对前照灯的对光调整？

前照灯应保证车前有明亮而均匀的照明，使驾驶人能看清车前150m范围内路面上的障碍物。如果前照灯光束调整不当，如光束照射位置偏移、灯光亮度不够等，会对夜间行车安全产生重大影响。国家标准对汽车前照灯的发光强度和光束照射位置作了具体规定（表2-8），并将其列为汽车安全性能的必检项目。

1）前照灯发光强度

小词典

发光强度：是指光源在给定方向上所能发出的光线强度，单位是坎德拉（cd）。

表2-8 前照灯远光光束发光强度要求（单位：cd）

车辆类型 \ 检查项目	新注册车			在用车		
	一灯制	两灯制	四灯制	一灯制	两灯制	四灯制
汽车、无轨电车	—	15000	12000	—	12000	10000
四轮农用运输车	—	10000	8000	—	8000	6000
三轮农用运输车	8000	6000	—	6000	5000	—

为什么只对前照灯远光光束发光强度做出具体要求？请结合前照灯的具体使用加以说明。

2）前照灯光束照射位置

（1）机动车（除运输用拖拉机）的前照灯在距离屏幕10m处，光束明暗截止线转角（ECE配光）或中心的高度应为$0.6 \sim 0.8H$（H为前照灯基准中心的高度）；在水平方向上，向左偏或向右偏均不能超过100mm，如图2-31所示。

(2) 四灯制前照灯其远光单光束灯的调整要求在屏幕上光束中心离地高度应为 0.85~0.90H，水平位置要求左灯向左偏不得大于 100mm，向右偏不得大于 170mm；右灯向右向左偏均不得大于 170mm。

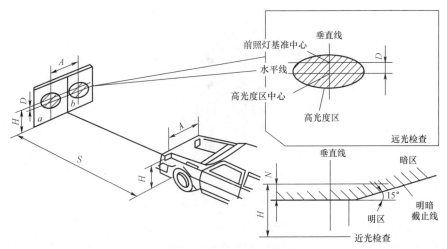

图 2-31 前照灯灯光检查

(3) 机动车装备远光和近光双光束灯时以调整近光光束为主。对于只能调整远光单光束的灯，调整远光单光束。

3) 前照灯对光调整

前照灯的对光调整即是要检查前照灯的发光强度和光束照射位置。可采用屏幕法检查前照灯的光束位置，但此法无法检查前照灯的发光强度。目前，汽车维修企业广泛采用各种前照灯检测仪检测前照灯的发光强度和光束照射位置。

在调整或校准前照灯光束之前，应该先进行以下检查，以保证调整正确：

(1) 清除轮胎上的石子、泥浆，清洁轮胎。

(2) 确保油箱是半满状态。

(3) 检查弹簧和减振器。如果弹簧和减振器受损，会影响调整结果。

> **小提示**
>
> 花冠车型前照灯的屏幕调整法请查阅相应的维修手册。
> 不同形式的前照灯检测仪使用方法差别很大，应按照仪器使用说明书的规定仔细操作。

以集光式测试仪(图 2-32)调整前照灯光束为例：

(1) 测试仪垂直放置，汽车和测试仪的相对位置应保证检验仪聚光凸透镜与前照灯配光镜之间的距离为 1m。

(2) 调整测试仪，使对正校准器对准被测汽车的纵向中心线，即对中。

(3) 利用前照灯对正校准器，通过上下、左右调整测试仪，使前照灯中心与测试仪聚光凸透镜中心对中，然后将测试仪固定在支柱上。

(4) 接通前照灯，将光度光轴开关转到光轴位置上。左右、上下偏移指示计。转动左右、上下调整旋钮，将左右、上下偏移指示计的指针指示中央位置。

(5) 将光度光轴开关转到光度位置上，读取此时光度计的指示值和左右、上下调整旋钮转动时的刻度值，即测出了发光强度和光轴的左右、上下偏移量。

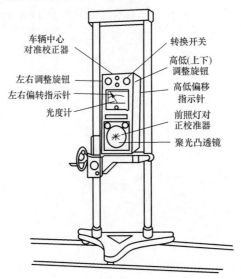

图 2-32　集光式前照灯测试仪

（6）调节前照灯的左右、上下调节螺钉，使测试仪调整旋钮的刻度恢复到零，即完成调整工作。使用前照灯检测仪完成被测车辆的前照灯检测工作，并在表 2-9 中做记录。

前照灯的对光调整　　　　　　　　　　　　　　　　　　　　表 2-9

远光光束发光强度（cd）	远光灯位置偏移（mm）		近光灯位置偏移（mm）	
	左　灯	右　灯	左　灯	右　灯

学习拓展

传统照明系统无法根据汽车的负荷、车速等情况自动调节前照灯的照明范围，难以在各种车辆运行条件下均提供良好的照明。现代车辆，尤其是高端品牌的车辆配备有智能灯光照明系统，能随时根据车辆的工作情况作出相应的调整，以满足各种情况下的照明需求。

三、评价反馈

1. 灯光故障维修案例分析

一客户反映，自己驾驶的花冠轿车出现尾灯、前雾灯无法工作的故障，请你参照前照灯的电路进行检修，完成对尾灯、雾灯电路的检修，并正确回答问题。

尾灯和后雾灯电路如图 2-33 所示，前雾灯电路如图 2-34 所示。

（1）请用彩色笔分别在尾灯、前雾灯的电路图中描出各种灯泡的电路走向。

（2）在尾灯和后雾灯电路图中，除包含有左尾灯、右尾灯电路以外，还包含左前示廓灯、_____、左牌照灯、_____ 等小灯类电路。

（3）尾灯、前雾灯电路的控制元件与前照灯的控制元件有什么不同？

学习任务2 汽车照明系统的检测与维修

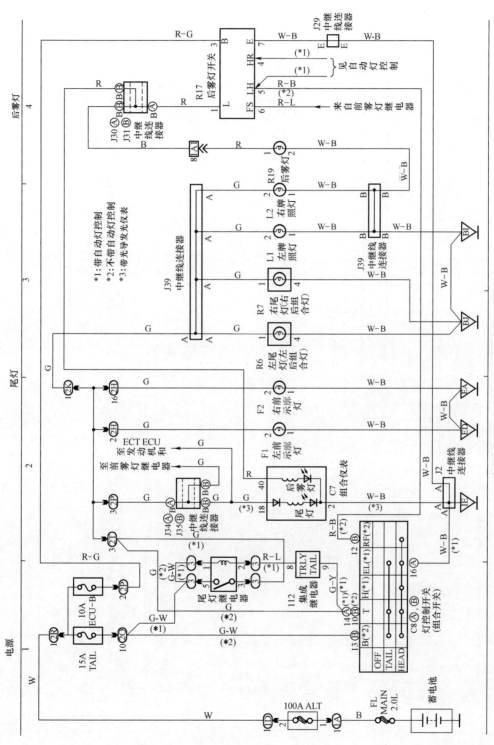

图 2-33 尾灯和后雾灯电路图

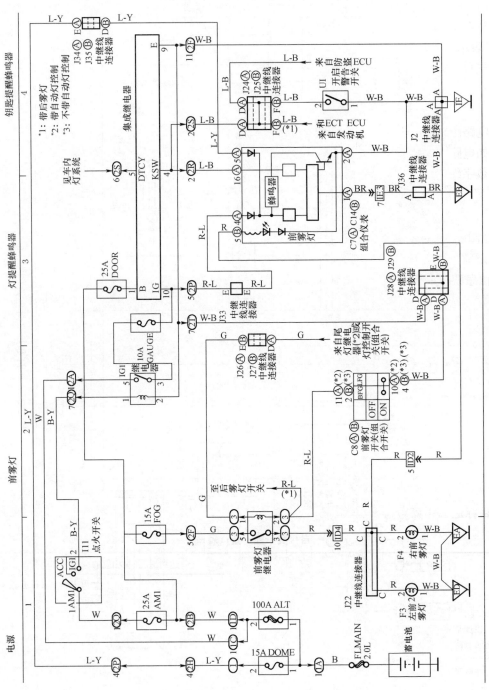

图 2-34 前雾灯电路图

学习任务2 汽车照明系统的检测与维修

2. 学习自测题

（1）照明系统包括（　　）。
　　A. 前照灯　　　　B. 尾灯　　　　C. 雾灯　　　　D. 牌照灯

（2）插座的编码规律是（　　）。
　　A. 从左到右　　　B. 从右到左　　C. 从上到下　　D. 从下到上

（3）"B"表示导线颜色为（　　）。
　　A. 红色　　　　　B. 绿色　　　　C. 黑色　　　　D. 蓝色

（4）以下（　　）不是阅读电路图的一般原则。
　　A. 电路阅读应遵循回路原则
　　B. 电路图中的开关、继电器按照通电状态绘制
　　C. 如电路图中出现有继电器，则应分别阅读继电器的控制回路和主回路
　　D. 数字编码相同的导线一定相连接

（5）电路图包括（　　）。
　　A. 布线图　　　　B. 局部电路原理图　　C. 整车电路原理图　　D. 线束图

（6）通过阅读布线图，可清楚了解电器系统的工作过程（　　）。
　　A. 正确　　　　　B. 错误

3. 维修信息获取练习

查阅维修手册，列出花冠车型雾灯系统故障症状表。

4. 学习目标达到程度的自我检查（表2-10）

自　我　检　查　表　　　　　　　　　　　　　　　　　　　　表2-10

序号	学习目标	达到情况（在相应的选项后打"√"）		
		能	不能	如果不能，是什么原因
1	叙述照明系统的组成、功能与工作过程			
2	识读常规车型照明系统电路，查阅相关资料，分析照明系统故障的原因			
3	在教师指导下，制订照明线路、照明装置的诊断、维修或元件更换计划			
4	实施计划，按专业要求独立或合作完成照明系统的电路检修和元件更换			
5	调整前照灯的光束照射位置			

5. 日常表现性评价（由小组长或者组内成员评价）
(1) 工作页填写情况。（   ）
    A. 填写完整   B. 缺失 0~20%   C. 缺失 20%~40%   D. 缺失 40% 以上
(2) 工作着装是否规范？（   ）
    A. 穿着校服（工作服），佩戴胸卡   B. 校服或胸卡缺失一项
    C. 偶尔会既不穿校服又不戴胸卡   D. 始终未穿校服、佩戴胸卡
(3) 能否主动参与工作现场的清洁和整理工作？（   ）
    A. 积极主动参与5S工作   B. 在组长的要求下能参与5S工作
    C. 在组长的要求下能参与5S工作，但效果差   D. 不愿意参与5S工作
(4) 升降汽车举升器或起动发动机时，有无进行安全检查并警示其他同学？（   ）
    A. 有安全检查和警示   B. 有安全检查无警示
    C. 无安全检查有警示   D. 无安全检查，无警示
(5) 是否达到全勤？（   ）
    A. 全勤   B. 缺勤 0~20%（有请假）
    C. 缺勤 0~20%（旷课）   D. 缺勤 20% 以上
(6) 总体印象评价。（   ）
    A. 非常优秀   B. 比较优秀   C. 有待改进   D. 急需改进
(7) 其他建议：

小组长签名：_____ _____年_____月_____日

6. 教师总体评价
(1) 对该同学所在小组整体印象评价。（   ）
    A. 组长负责，组内学习气氛好
    B. 组长能组织组员按要求完成学习任务，个别组员不能达到学习目标
    C. 组内有30%以上的学员不能达到学习目标
    D. 组内大部分学员不能达到学习目标
(2) 对该同学整体印象评价：
_____
_____
_____。

教师签名：_____ _____年_____月_____日

学习任务 3　汽车信号系统的检测与维修

学习目标

完成本学习任务后，你应当能：
1. 叙述汽车信号系统的组成和功能；
2. 识读常规车型信号系统电路，查阅相关资料，分析信号系统故障的原因；
3. 在教师指导下，制订信号线路、信号装置的诊断与维修更换计划；
4. 实施计划，按专业要求独立或合作完成信号系统的电路检修和元件更换。

建议完成本学习任务为 16 学时

内容结构

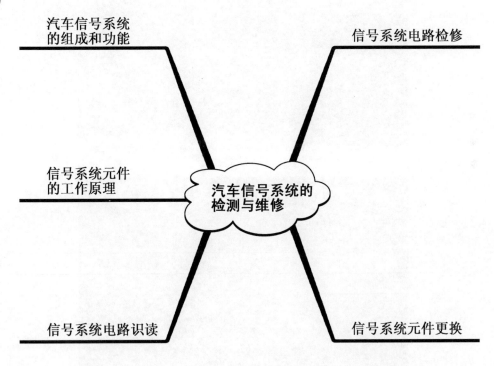

学习任务描述

请按专业水平对信号系统进行检查，如有必要请维修或更换信号系统的元件、线路，解决信号系统的故障。

信号系统的作用是向其他人或车辆发出警示，主要包括前后转向信号灯、制动灯、倒车灯、应急警告灯、电喇叭等。系统内各装置功能独立，由驾驶人在不同的场合下操纵。任何信号装置出现故障，都会影响汽车的安全行驶。因此在车辆检修中，必须确保信号系统各装置的正常工作。

一、学习准备

*1. 在检修汽车信号系统之前，需要熟悉汽车的信号系统的组成部分和功能，信号系统主要由哪些设备组成？各设备分别具备什么功能？

车辆信号系统主要设备包括制动信号灯、倒车灯、电喇叭、转向信号灯、应急警告灯等。各信号设备的安装位置如图 3-1 所示。

图 3-1　信号设备的安装位置

查阅相关资料，说明各信号设备的功能。
（1）制动信号灯：

（2）倒车灯：

（3）电喇叭：

（4）应急警告灯：

（5）转向信号灯：

二、计划与实施

*2. 一辆花冠车进厂修理。据车主反映夜间行车时，应急灯和转向信号灯都不亮。请你按照提示，参照相应的维修资料，制订相应的维修计划。

1）分析转向信号灯和应急警告灯电路

图3-2所示为花冠车型转向信号灯和应急警告灯的电路图，请根据提示分析花冠车型转向信号灯和应急警告灯的工作过程。

转向信号灯电路（以左转向信号灯为例）

（1）左转向信号灯控制回路。

电流回路从_____→熔断丝 GAUGE(10A)→5 2P→中继线连接器 J33→闪光器继电器 _____ →闪光器继电器 _____ 输出→转向信号开关 C8 5脚→_____→中继线连接器 J2→（IE）搭铁回路。

（2）左转向信号灯主回路。

转向信号灯主回路的电源是由闪光器继电器的1脚（IG）输入，还是从闪光器继电器的4脚（+B）输入？

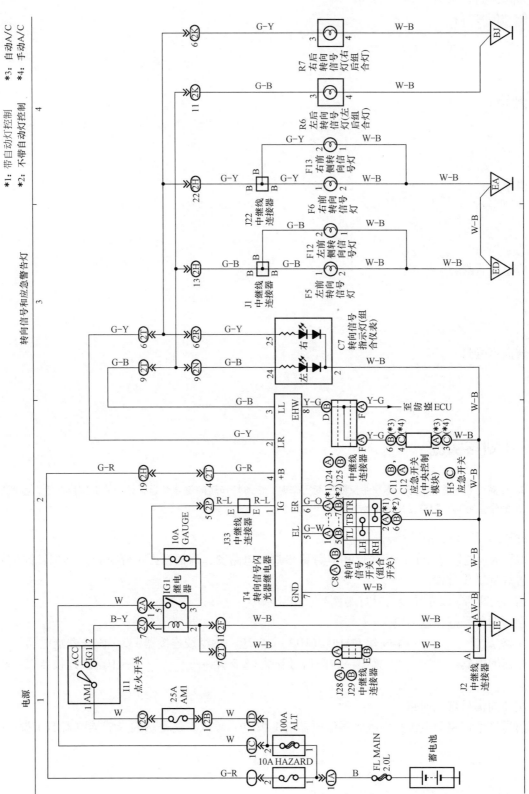

图 3-2 转向信号灯和应急警告灯电路图

学习任务3　汽车信号系统的检测与维修

9 2T 和 13 2H 电位是否相同？9 2T 连接哪一组灯？13 2H 连接哪一组灯？

前转向信号灯分别有几个搭铁点？查阅相关资料，找出这些搭铁点在汽车上的位置。

如果左转向灯正常，右转向灯控制回路有故障，如何检查？

写出应急警告灯的电路，并分析应急警告灯线路与转向信号灯有什么关联？

2）制订转向信号灯和应急警告灯故障检修计划
（1）可能故障部位分析。
当出现应急警告灯和转向信号灯都不亮的故障时，可能是由于以下_____造成的。
　　A. 转向信号灯线路损坏　　B. 转向应急灯熔断丝烧毁　　C. 点火开关损坏
　　D. 转向信号闪光器损坏　　E. 转向信号灯灯泡
（2）制订故障检修计划。
① 针对上述故障，你需要检修哪些可能的部件、线路？试按照检修工作的难易程度排序。

② 为了完成检修工作，你需要准备哪些维修资料和维修工具？

③ 你准备以何种工作方式完成检修工作？如果是小组合作完成，你和其他组员的工作如何分工？

*3. 实施计划,按专业要求独立或合作完成花冠车型的转向信号灯和应急警告灯故障检修和元件更换。

1)检查转向信号闪光器

转向信号闪光器 T4 在车辆上的位置如图 3-3 所示。

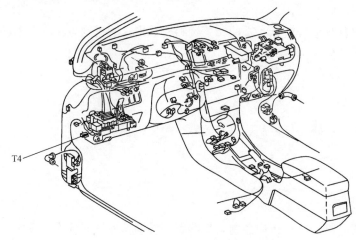

图 3-3 转向信号闪光器 T4 位置图

(1)断开闪光器上的连接器,检查闪光器线束连接器,如图 3-4 所示。将检测结论记录在表 3-1 中。

图 3-4 转向信号闪光器线束连接器

检查转向信号闪光器线束连接器导通性　　　　表 3-1

测试仪连接	条　件	规定条件	检　测　值
7 - 搭铁	恒定	导通	
1 - 搭铁	点火开关扭至 ON 位置	蓄电池电压	
4 - 搭铁	恒定	蓄电池电压	

 小提示

通电状态下的线路测量只能使用万用表的直流电压挡,禁止使用电阻挡测量线路的导通情况。

(2)将连接器连接到转向信号闪光器,从后侧检查线束连接器。将检测结论记录在表 3-2 中。

检查转向信号闪光器线束连接器导通性　　　　表 3-2

测试仪连接	条　件	规定条件	检　测　值
2 - 搭铁	应急开关 OFF→ON	0V→(0,9V) 60~120 次/min	
3 - 搭铁	应急开关 OFF→ON	0V→(0,9V) 60~120 次/min	
2 - 搭铁	转向信号开关(右转) OFF→ON	0V→(0,9V) 60~120 次/min	

续上表

测试仪连接	条 件	规 定 条 件	检 测 值
3-搭铁	转向信号开关（左转）OFF→ON	0V→(0, 9V) 60~120次/min	
5-搭铁	转向信号开关（左转）OFF→ON	高于9V→0V	
6-搭铁	转向信号开关（右转）OFF→ON	高于9V→0V	
8-搭铁	应急开关OFF→ON	高于9V→0V	

如检查结果不符合规定，说明转向信号闪光器已经损坏。请你根据检测结论，判断转向信号闪光器是否需要更换。

根据你的操作体会，说明使用万用表测量电路的直流电压与测量电路的电阻有什么不同。

2）检查转向信号灯灯泡
检查方法可参考前照灯灯泡的检查方法完成。
3）检查应急警告灯与转向信号灯线路
检查步骤请参照电路原理图、布线图执行。
完成元件和电路检测后，请你将检测结论填写在表3-3中，并确定需要更换的元件。

花冠车应急灯和转向信号灯都不亮故障诊断表　　　　表3-3

	转向信号闪光器	应急警告灯与转向信号灯线路	转向信号灯灯泡
故障部位			

4）更换转向信号灯和应急警告灯元件
转向信号灯和应急警告灯元件的更换包括前照灯变光器开关总成、前后转向灯、转向信号灯闪光器等。前照灯变光器开关总成等元件的更换请参见学习任务2照明系统检测与维修。
更换前转向信号灯灯泡：

 小提示

以下所列步骤适合前转向信号灯灯泡的更换，其余转向灯的更换采用相同的步骤。安装步骤和拆卸步骤相反。遇有拆卸与安装步骤不同时会特别指明。

（1）拆下前照灯总成，具体拆卸步骤见学习任务2。
（2）拆下前转向信号灯灯泡。

① 如图3-5所示，拆下前转向信号灯灯泡和灯口。
② 从前转向信号灯灯口拆下灯泡。

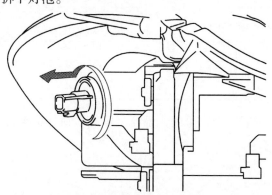

图3-5 拆下前转向灯灯泡

查阅维修手册，完成表3-4花冠车型转向信号灯和应急警告灯系统的故障症状表。通过小组讨论，简要陈述当转向信号灯和应急警告灯系统出现其他故障时的排除步骤。

花冠车型转向信号灯和应急警告灯系统故障症状表　　　　表3-4

症　状	故障可能发生部位
"应急灯"和"转向灯"不亮	（1）仪表熔断丝； （2）转向应急灯熔断丝； （3）点火开关； （4）转向信号闪光继电器； （5）线束

排除步骤：

*4. 转向信号灯与应急警告灯必须具有一定的频闪，即工作时灯光必须是闪烁的，这需要通过转向信号闪光器完成，转向信号闪光器是如何工作的？

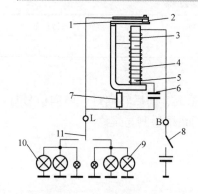

转向信号灯闪烁的频率由闪光器控制。闪光器主要有电容式、晶体管式、集成电路式等类型。电容式闪光器具有闪光频率稳定、工作可靠等优点，故得到广泛应用。晶体管式闪光器分为有触点晶体管式和无触点晶体管式两种。

电容式闪光器工作原理如图3-6所示。

图3-6 电容式闪光器
1-弹簧片；2-触点；3、4-线圈；5-铁芯；6-电容器；7-灭弧电阻；8-电源开关；9、10-转向信号灯和指示灯；11-转向灯开关

当 11 转向灯开关接通时（以左转向灯说明），电流从蓄电池正极→8 _____→_____→3 线圈→2 _____→L→_____→10 左转向信号灯和指示灯→搭铁→蓄电池。

电容器充电回路：

3 线圈吸合，2 触点打开，（此时电流通过线圈 3 产生的电磁吸力大于弹簧片 1 的作用力）。蓄电池向电容器 6 充电。

蓄电池正极→8 _____→接线柱 B→3 _____→4 _____→6 电容器→_____ L→11 转向灯开关→10 _____→搭铁→蓄电池负极构成回路。

由于 4 线圈电阻较大，充电电流很小，不能使转向信号灯点亮，故转向灯此时仍处于暗状态。同时充电电流通过 3、4 线圈产生的电磁吸力方向相同，使触点继续打开。

随着充电时间延长，电容器两端电压逐渐升高，充电电流逐渐变小（线圈电流回路趋向于零），3 线圈和 4 线圈的电磁吸力减小，使 2 触点重新恢复闭合，转向灯处于发光状态。

6 电容器→4 _____→2 _____→6 电容器形成闭合回路。

放电电流通过 4 线圈时产生的磁场方向与 3 线圈的方向相反，抵消 3 线圈的电磁吸力，电磁吸力减小，故 2 触点仍保持闭合，转向灯继续发亮。

随着电容器的放电时间延长，电容器两端电压逐渐下降，其放电电流减小，则 3 线圈的电磁吸力增强，2 触点被吸合又重新打开，转向灯不亮。如此反复，触点不断地开闭，使转向灯闪光。7 电阻与 2 触点并联，用来减小触点的火花，称为灭弧电阻。

💡 **小提示**

转向信号灯应具有一定的频闪。国家标准规定为 60～120 次/min。

图 3-7 是有触点的晶体管式闪光器的原理图。参照电容式闪光器的工作原理，小组讨论分析有触点的晶体管式闪光器的工作过程。

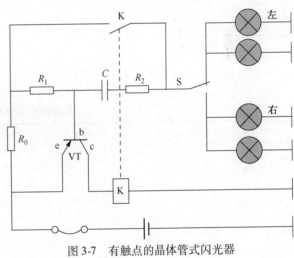

图 3-7　有触点的晶体管式闪光器

三、评价反馈

1. 使用(维修)案例分析

一客户反映,自己驾驶的花冠轿车出现制动灯和喇叭无法工作的故障,请你完成对制动灯和喇叭系统工作过程的分析,并正确回答问题。

(1) 根据图3-8所示的制动灯和喇叭电路,写出制动灯回路。

(2) 简要写明制动灯故障检测步骤,并在检测完成后,填写表3-5制动灯故障诊断表。

花冠轿车制动灯系统故障诊断表　　　　表3-5

故障现象	故障原因	排除方法

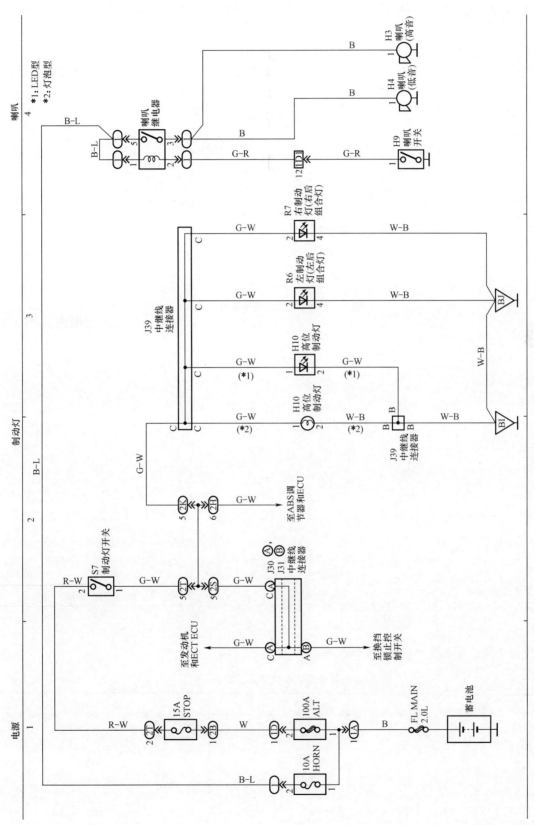

图 3-8 制动灯和喇叭电路

（3）根据图 3-8 所示的制动灯和喇叭电路，写出喇叭工作的回路。喇叭系统位置分布图如图 3-9 所示。

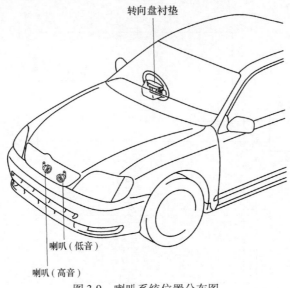

图 3-9　喇叭系统位置分布图

① 喇叭装置控制回路：

② 喇叭装置主回路：

③ 喇叭线路检查流程：

查阅维修手册，完成表 3-6 喇叭系统故障症状表。

花冠轿车喇叭系统故障诊断表　　　　　　　表 3-6

故　障　现　象	故　障　原　因	排　除　方　法

学习任务3 汽车信号系统的检测与维修

2. 学习自测题

（1）信号系统包括（　　）。
　　A. 转向信号灯　　B. 尾灯　　C. 制动灯　　D. 倒车灯

（2）闪光器主要有（　　）等类型。
　　A. 电感式　　B. 电容式　　C. 晶体管式　　D. 集成电路式

（3）13 2H 中，数字"2"表示（　　）。
　　A. 连接器位置　　B. 接线盒位置　　C. 继电器盒位置　　D. 连接器中线束位置

（4）电容式闪光器的频闪主要由电容器的容量决定。（　　）
　　A. 正确　　B. 错误

（5）同时操作转向信号灯和应急警告灯，则车辆会打开应急警告灯。（　　）
　　A. 正确　　B. 错误

3. 维修信息获取练习

查阅维修手册，列出花冠车型在更换喇叭按钮总成时有哪些注意事项。

4. 学习目标达到程度的自我检查（表3-7）

自 我 检 查 表　　　　　　　　　　　　　　　　　表3-7

序号	学习目标	达到情况（在相应的选项后打"√"）		
		能	不能	如果不能，是什么原因
1	叙述汽车信号系统的组成和功能			
2	识读常规车型信号系统电路，查阅相关资料，分析信号系统故障的原因			
3	在教师指导下，制定信号线路、信号装置的诊断与维修更换计划			
4	实施计划，按专业要求独立或合作完成信号系统的电路检修和元件更换			

5. 日常表现性评价（由小组长或者组内成员评价）

（1）工作页填写情况。
　　A. 填写完整　　B. 缺失0～20%　　C. 缺失20%～40%　　D. 缺失40%以上

（2）工作着装是否规范？（　　）
　　A. 穿着校服（工作服），佩戴胸卡　　B. 校服或胸卡缺失一项
　　C. 偶尔会既不穿校服又不戴胸卡　　D. 始终未穿校服、佩戴胸卡

(3) 能否主动参与工作现场的清洁和整理工作?（　　）
  A. 积极主动参与 5S 工作　　　　　　　B. 在组长的要求下能参与 5S 工作
  C. 在组长的要求下能参与 5S 工作，但效果差　　D. 不愿意参与 5S 工作
(4) 升降汽车举升器或起动发动机时，有无进行安全检查并警示其他同学？
  A. 有安全检查和警示　　　　　　　　　B. 有安全检查无警示
  C. 无安全检查，有警示　　　　　　　　D. 无安全检查，无警示
(5) 是否达到全勤？（　　）
  A. 全勤　　　　　　　　　　　　　　　B. 缺勤 0～20%（有请假）
  C. 缺勤 0～20%（旷课）　　　　　　　 D. 缺勤 20% 以上
(6) 总体印象评价。（　　）
  A. 非常优秀　　　　B. 比较优秀　　　　C. 有待改进　　　　D. 急需改进
(7) 其他建议：

小组长签名：_____　　　　　　　_____年_____月_____日

6. 教师总体评价

(1) 对该同学所在小组整体印象评价。（　　）
  A. 组长负责，组内学习气氛好
  B. 组长能组织组员按要求完成学习任务，个别组员不能达到学习目标
  C. 组内有 30% 以上的学员不能达到学习目标
  D. 组内大部分学员不能达到学习目标
(2) 对该同学整体印象评价：

教师签名：_____　　　　　　　_____年_____月_____日

学习任务 4　汽车电动刮水系统的检测与维修

学习目标

完成本学习任务后，你应当能：
1. 叙述刮水器、清洗器的组成和功能；
2. 分析电动刮水器的工作原理；
3. 识读常规车型电动刮水系统电路，查阅相关资料，分析电动刮水系统故障的原因；
4. 实施计划，按专业要求独立或合作完成刮水系统检测与更换工作。

建议完成本学习任务为 14 学时

内容结构

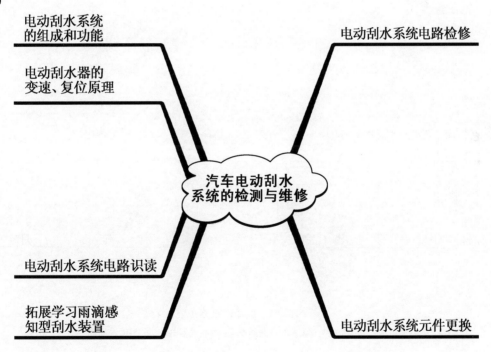

学习任务描述

请按专业水平对电动刮水系统进行检查，如有必要请维修或更换刮水系统元件、线路，解决刮水系统的故障。

电动刮水系统是汽车电器的重要组成部分，主要由刮水器电动机、刮水器臂、联动装置、车窗清洗器等组成。性能良好的电动刮水系统可以保证驾驶人在任何天气条件下都有良好的驾驶视线。

一、学习准备

 *1. 在检修汽车电动刮水系统之前，需要熟悉电动刮水系统的组成部分和功能，电动刮水系统由哪些元件组成，各有什么功能？

电动刮水系统主要由电动刮水器、刮水系统开关和风窗玻璃清洗器组成，如图 4-1 所示。

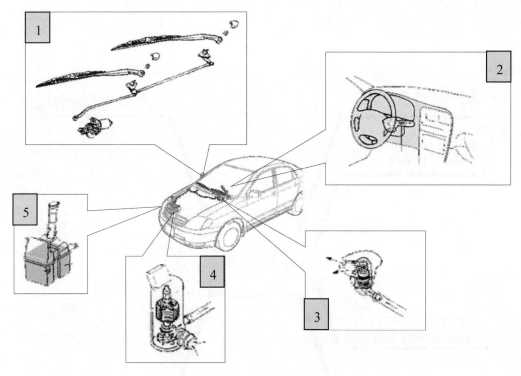

图 4-1　电动刮水系统
1-刮水器；2-刮水系统开关；3-喷洗器喷嘴；4-喷洗器电动机；5-喷洗器储存罐

1）电动刮水器

刮水器按动力源的不同有真空式、气动式、电动式等类型。其中电动刮水器由于动力大、容易控制而在汽车上广泛使用。电动刮水器由直流电动机、传动机构、刮水臂和刮水片组成。如图 4-2、图 4-3 所示分别为电动刮水器组成和刮水器电动机的结构。

刮水器安装在风窗玻璃下部，在汽车的风窗玻璃上部装有两个刮水片，刮水臂以平行式或对向式摆动，其特点是结构简单，容易控制，有多种工作方式可供选择。

学习任务4　汽车电动刮水系统的检测与维修

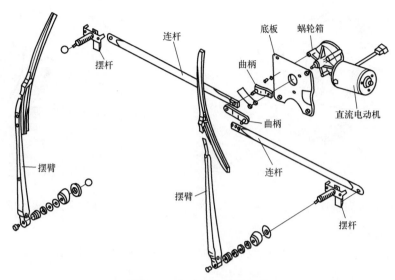

图4-2　电动刮水器的组成

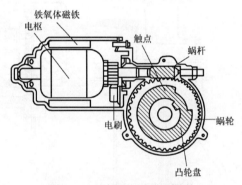

图4-3　刮水器电动机的结构

2) 刮水系统开关

图4-4所示为花冠车型上的刮水系统开关，各挡位代表不同的工作模式：

MIST——手动工作。刮水器以连续方式开始工作。松手后，推杆自动复位至OFF挡，刮水器停止工作。适用于清除风窗玻璃上的少量积水、杂物。

OFF——刮水器停止工作。

INT——自动间歇工作。刮水器将按一定的时间间隔（通过时间间隔调整旋钮调整，如图4-5所示）间歇工作。该挡位需手动复位，适用于小雨雪天气的情况。

LO——连续低速工作。刮水器连续低速运转。该挡位需要手动进行复位，适用于较大的雨雪天气。

HI——连续高速工作。刮水器连续高速运转。该挡位需手动进行复位，适用于暴雨天气。

PULL——喷水器喷水操作，如图4-6所示。

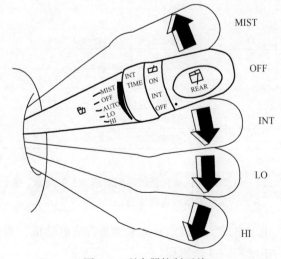

图4-4　刮水器控制开关

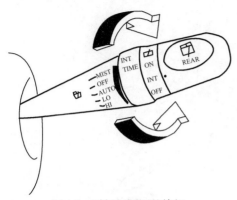

图 4-5　时间间隔调整旋钮

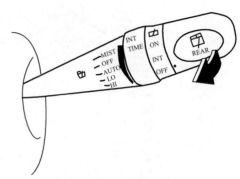

图 4-6　喷水器开关

3）风窗玻璃清洗器

风窗玻璃清洗器是由微型永磁直流电动机、离心式水泵、喷嘴、储液罐及水管五部分组成。根据图 4-7 所示，将元件代号正确完整地填入表 4-1。

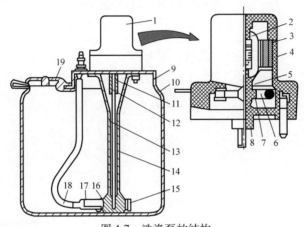

图 4-7　洗涤泵的结构

洗涤泵元件代号　　　　　　　　　　　　　　　　　　　　　表 4-1

代号	元件名称	代号	元件名称	代号	元件名称
8	凸缘盘	9	水泵固定盘		储液罐
11	电动机轴	12	联轴器	13	水泵轴
	电动机		电枢		永久磁铁
	电动机壳体		集电环		电刷架
	电刷	14	水泵壳	15	水泵转子
	滤清器	17	接头	18	出水软管
19	液罐盖				

*2. 刮水器的作用是清除风窗玻璃上的雨水、雪、灰尘等，刮水器需要根据雨量的大小以不同的速度运转。刮水器怎样实现变速功能？

由于电动刮水器的动力来源是直流电动机，所以刮水器的变速就是直流电动机的变速。图 4-8 所示为电动机的变速原理。

永磁式刮水电动机有两种不同的刮水速度，所以在结构上电动机设置了 3 只电刷，通过改变永磁直流电动机换向器和电刷之间的接触面，而获得两种不同的刮水速度。

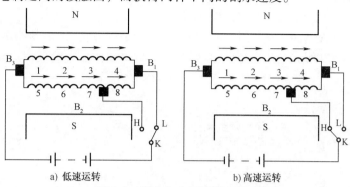

图 4-8 刮水电动机的变速原理

如图 4-8a)所示，当刮水器开关在____位置时，电源电压 U 加在电刷 B_1 和 B_3 之间，电动机低速运转。

电刷 B_1 和 B_3 之间有两条电枢绕组支路，一条是由绕组_____串联起来的支路；另一条是由绕组_____串联起来的支路。每条支路的有效工作绕组为____个，由于串联的电枢绕组数量较多，为了平衡电源电压，每个电枢绕组所产生的反电动势较小，所以电枢绕组的转速较低。

小词典

反电动势是由电枢绕组产生的感应电压。电枢绕组通电运转后，由于满足了导体切割磁场的条件，所以在电枢绕组上会产生出感应电压，感应电压的方向和外加电压的方向相反，所以将该感应电压称为反电动势。

如图 4-8b)所示，当将刮水器开关在____位置时，电源电压 U 加在电刷_____之间，电动机高速运转。

两条电枢绕组并联支路，一条由绕组_____串联，另一条由绕组_____串联。由于绕组 4 和 8 在同一条支路中，感应电势方向相反，相互抵消，使每条支路的有效工作绕组变为 3 个，每个电枢绕组需要产生更高的反电动势才能平衡电源电压，所以电枢绕组的转速较高。

*3. 如果没有复位装置，刮水器停转后会在其运动范围内的任一位置停留，造成对驾驶人的视觉障碍。为此要求刮水器装备复位装置，复位装置怎样实现刮水器的复位功能？

图 4-9 所示是刮水器自动复位电路。

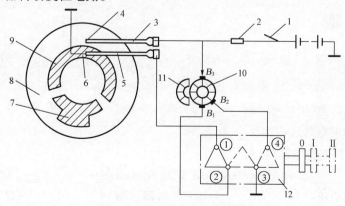

图 4-9 刮水器自动复位电路

刮水器自动复位电路有 1 点火开关；2 熔断丝；3、5 _____；4、6 触点；7、9 铜环；8 _____；10 电枢；11 永久磁铁；12 电源开关。

当电源开关从Ⅰ挡（低速刮水）或Ⅱ挡（高速刮水）回复到 0 挡时，刮水器停止刮水。如此时刮水器未回到正确位置（图 4-9），则刮水器通过复位装置依然形成电流回路继续低速运转直至回到正确位置，此时刮水器由于能耗制动而迅速在该位置停止，如图 4-10 所示。

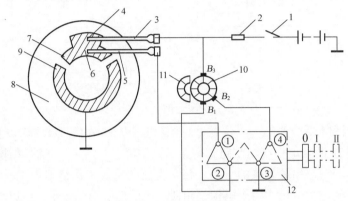

图 4-10　刮水器能耗制动

参照图 4-9，写出刮水器的复位电路。

如果在刮水器运转过程中断开点火开关，刮水器能自动复位吗？

 小提示

当刮水器电动机因故障而不能转动时，应立即拔掉电动机插头，否则由于复位装置仍接通电路，电动机可能因长时间通电发热而烧坏。

二、计划与实施

 *4. 一辆花冠车进厂修理。据车主反映使用前刮水器时，无论是刮水低速挡还是高速挡，刮水器都不运行。请你参照相应的维修资料，制订相应的维修计划。

1）分析花冠车型电动刮水系统电路

前刮水器和喷洗器电路图如图 4-11 所示。

（1）IG1 继电器控制回路（线圈回路）：

蓄电池正极→_____→1 $\boxed{1A}$→100A ALT 熔断丝→1 $\boxed{1D}$→_____→25A AMI 熔断丝→_____→点火开关接通 IG1 挡→_____→IG1 继电器线圈→_____→J2 中继线连接器→IE 位置搭铁。

学习任务4 汽车电动刮水系统的检测与维修

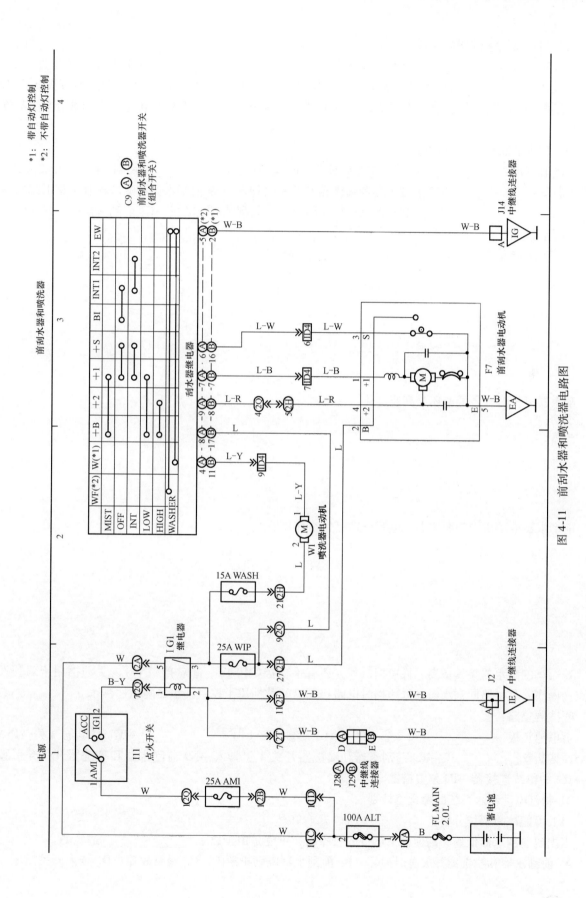

图 4-11 前刮水器和喷洗器电路图

（2）刮水器低速（LOW）电路：

蓄电池正极→_____→1 1A→100A ALT 熔断丝→1 1C→_____→IG1 继电器开关→25A WIP 熔断丝→_____→C9 前刮水器和喷洗器开关 8 引脚入→C9 前刮水器和喷洗器开关 7 引脚出→7 1D4→F7 前刮水器电动机 1 引脚入→前刮水器电动机→F7 前刮水器电动机 5 引脚出→EA 位置搭铁。

（3）刮水器高速（HIGH）电路：

蓄电池正极→_____→1 1A→100A ALT 熔断丝→1 1C→_____→IG1 继电器开关→25A WIP 熔断丝→_____→C9 前刮水器和喷洗器开关 8 引脚入→C9 前刮水器和喷洗器开关 9 引脚出→_____→_____→F7 前刮水器电动机 4 引脚入→前刮水器电动机→F7 前刮水器电动机 5 引脚出→EA 位置搭铁。

参考刮水器低速、高速电路，写出刮水器复位电路。

刮水器复位时，是低速还是高速运转？

前刮水器电动机中的断路器、电容分别有什么作用？

花冠车的刮水器除具备高、低速挡以外，还有手动挡（MIST）、间歇挡（INT），手动挡用于驾驶人的点动操作，其电路同刮水器在低速挡时电路相同。间歇挡用于控制刮水器间歇性刮水。

喷洗器电路：

蓄电池正极→_____→1 1A→100A ALT 熔断丝→1 1C→_____→IG1 继电器开关→15A WASH 熔断丝→_____→C9 前刮水器和喷洗器开关 4 引脚入→C9 前刮水器和喷洗器开关 5 引脚出→J14 中继线连接器→IG 位置搭铁。

2）制订电动刮水系统故障检修计划

（1）可能故障部位分析：

当出现前刮水器低速、高速都不运行的故障时，可能是由于以下_____造成的。

A. 前刮水器和喷洗器开关总成损坏　B. 前刮水器电动机故障　C. 线路故障　D. 点火开关损坏

学习任务4　汽车电动刮水系统的检测与维修

（2）制订故障检修计划：

① 针对上述故障，你需要检修哪些可能的部件、线路？试按照检修工作的难易程度排序。

② 为了完成检修工作，你需要准备哪些维修资料和维修工具？

③ 你准备以何种工作方式完成检修工作？如果是小组合作完成，你和其他组员的工作如何分工？

＊5. 实施计划，按专业要求独立或合作完成花冠车型的电控刮水系统的故障检修和元件更换。

1）检查前刮水器和喷洗器开关总成

C9 前刮水器和喷洗器开关总成在车辆上的位置如图 4-12 所示。

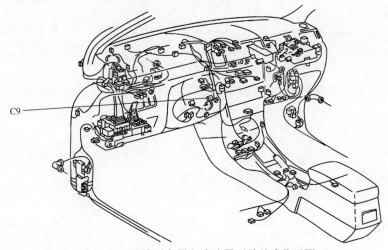

图 4-12　C9 前刮水器和喷洗器开关总成位置图

检查连接器的各个端子之间的导通性并操作开关，将检测结论分别记录在表 4-2 ~ 表 4-4 中。开关总成如图 4-13 所示。

前刮水器开关的导通性（左侧驾驶型） 表 4-2

开关位置	测试仪连接	规定条件	检测结论
MIST	7—8	导通	
OFF	6—7	导通	
INT	6—7	导通	
LO	7—8	导通	
HI	8—9	导通	

前洗涤器开关的导通性（左侧驾驶型） 表 4-3

开关位置	测试仪连接	规定条件	检测结论
OFF	—	不导通	
ON	4—5	导通	

后刮水器开关的导通性（左侧驾驶型） 表 4-4

开关位置	测试仪连接	规定条件	检测结论
OFF	—	不导通	
WASH	3—5	导通	
INT	1—5	导通	
ON	2—5	导通	
ON + WASH	3—2—5	导通	

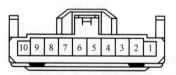

图 4-13 前刮水器和喷洗器开关总成

2）检查刮水器电动机总成

（1）低速挡运行检查。

将蓄电池正极接在连接器端子 1，负极接在连接器端子 5，检查电动机是否低速运行。　　　　　　　　　□是　　□否

（2）高速挡运行检查。

将蓄电池正极接在连接器端子 4，负极接在连接器端子 5，检查电动机是否高速运行。

□是　　□否

（3）自动停止运行检查。

① 将蓄电池正极接在连接器端子 1，负极接在连接器端子 5，在电动机低速旋转时，断开端子 1，使刮水器电动机停止在除自动停止位置以外的任何位置。　　　　　　　　　　　　　　□任务完成

② 连接端子 1 与端子 3。　　　　　　　　　　　　　　　　　　　　　　　　　　　　　　□任务完成

③ 检查蓄电池正极与端子 2 的连接情况，重新起动电动机至低速，检查其自动停止位置（图 4-14）。　　　　　　　　　　　　　　　　　　　　　　　　　　　　　　　□任务完成

3）检查电动刮水器线路

检查步骤请参照电路原理图、布线图执行。

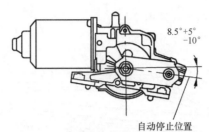

图 4-14 刮水器电动机自动停止位置

完成元件和电路检测后,请你将检测结论填写在表 4-5 中,并确定需要更换的元件。

花冠车型刮水器低速及高速都不运行故障诊断表　　　　表 4-5

故障类型	前刮水器和喷洗器开关总成损坏	前刮水器电动机故障	刮水器线路故障
故障部位			

4)电动刮水系统元件更换

小提示

以下所列步骤为拆卸步骤,安装步骤和拆卸步骤相反。遇有拆卸与安装步骤不同时会特别指明。

(1)更换刮水器开关总成。
① 拆下转向柱盖。
② 拆下刮水器开关总成。
a. 脱开连接器。
b. 压下处于咬合状态的卡抓并拔开它,然后拆下刮水器开关总成(图 4-15)。

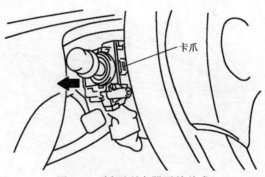

图 4-15 拆下刮水器开关总成

(2)更换刮水器电动机总成。
① 拆下风窗玻璃刮水器臂盖。
② 拆下右前刮水器臂。
拆下螺母和右前刮水器臂。
③ 拆下左前刮水器臂。
拆下螺母和左前刮水器臂。

④ 拆下发动机罩到前围顶密封条(图4-16)。

将8个卡子从咬合点断开,然后拆下密封条。

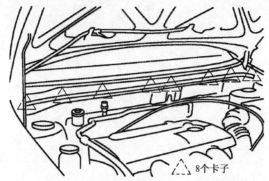

图4-16 拆下发动机罩到前围顶密封条

⑤ 拆下乘员侧前围顶通风百叶窗(图4-17)。

拆下5个卡爪后拆下乘客侧前围顶通风百叶窗。

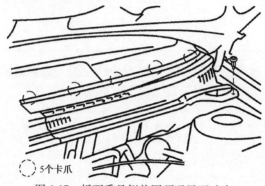

图4-17 拆下乘员侧前围顶通风百叶窗

⑥ 拆下驾驶人侧前围顶通风百叶窗(图4-18)。

拆下5个卡爪后拆下驾驶人侧前围顶通风百叶窗。

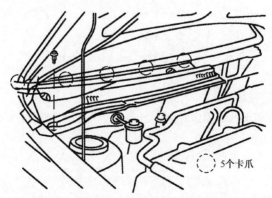

图4-18 拆下驾驶人侧前围顶通风百叶窗

⑦ 拆下风窗玻璃刮水器连杆总成(图4-19)。

a. 脱开连接器。

b. 拆下螺栓。

c. 使刮水器连杆总成滑向汽车乘客一侧,拆下橡胶销套和刮水器连杆总成。

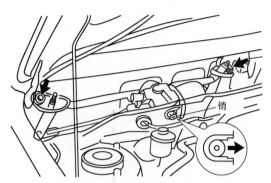

图 4-19　拆下风窗玻璃刮水器连杆总成

⑧ 拆下风窗玻璃刮水器电动机总成。

a. 拆下风窗玻璃刮水器电动机总成的曲柄臂枢轴啮合处的两个杆（图4-20）。

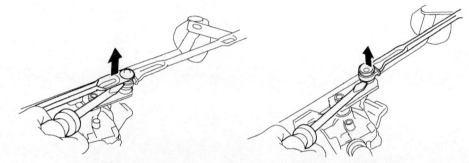

图 4-20　拆下刮水器电动机总成的曲柄臂枢轴啮合处的两个杆

b. 拆下风窗玻璃刮水器电动机总成。

⑨ 安装风窗玻璃刮水器电动机总成。

a. 在风窗玻璃刮水器电动机总成的曲柄臂枢轴上，涂上 MP 润滑脂。

b. 用两个梅花螺钉，把风窗玻璃刮水器电动机总成安装到风窗玻璃刮水器连杆总成上。拧紧力矩为5.39N·m。

⑩ 安装风窗玻璃刮水器连杆总成。

a. 安装橡皮销套。

b. 用两个螺栓，安装风窗玻璃刮水器连杆总成。拧紧力矩为5.5N·m。

c. 接好连接器。

⑪ 安装右前刮水器臂。

a. 用钢丝刷清洁刮水器枢轴齿。

b. 用螺母将驾驶人侧的前刮水器臂固定在图 4-21 所示的前刮水器刮水片处。拧紧力矩为20.5N·m。

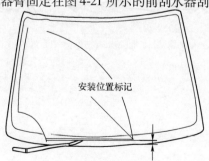

25.5+15.0mm(0.98+0.59in.)

图 4-21　安装右前刮水器臂

⑫ 安装左前刮水器臂。

a. 用钢丝刷清洁刮水器枢轴齿。

b. 用螺母将驾驶人侧的前刮水器臂固定在图4-22所示的前刮水器刮水片处。拧紧力矩为20.5N·m。

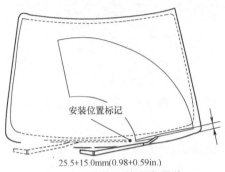

图4-22 安装左前刮水器臂

学习拓展

刮水器有不同的类型，包括有骨刮水器、无骨刮水器、喷水刮水器等，分别如图4-23～图4-25所示。

图4-23 传统有骨刮水器系统

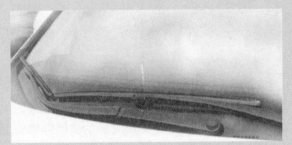

图4-24 无骨刮水器系统

图4-25 奔驰Magic Vision Control系统中的喷水刮水片

带喷水功能的刮水片不仅使用的玻璃水更少了，在不同行车状况下擦拭风窗玻璃的效果更好，但制造难度及成本较高。

相比传统的刮水器系统，感应刮水器系统增加了雨量传感器（图4-26），它可根据雨量的大小自动调节刮水器运行速度，为驾驶人提供良好的视野，从而大大提高雨天驾驶的方便性和安全性。

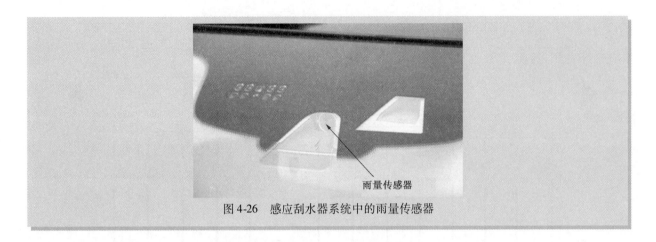

图 4-26 感应刮水器系统中的雨量传感器

查阅维修手册,完成表 4-6 花冠车型电动刮水系统的故障症状表。通过小组讨论,简要陈述当电动刮水系统出现其他故障时的排除步骤。

花冠车型刮水器和洗涤器系统故障症状表　　　　　表 4-6

症　　状	故障可能发生部位

三、评价与反馈

1. 使用(维修)案例分析

一客户反映,自己驾驶的捷达轿车出现刮水器无法工作的故障,请你参考图 4-27 所示的捷达车型刮水器电路完成对大众轿车刮水器工作过程的分析,并正确回答问题。

(1) 小组讨论,在教师指导下,写出刮水器的工作回路。

(2) 根据你的体会,说明大众和花冠电路图有什么差异。

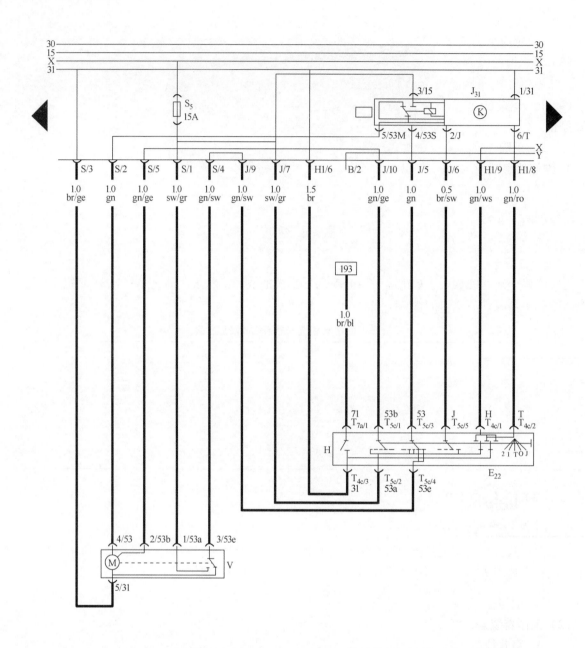

图 4-27 捷达轿车前风窗刮水、洗涤电路图

E_{22}-间歇工作的前风窗刮水器开关；H_1-喇叭开关；J_{31}-洗涤/刮水间歇控制继电器；

T_{4c}-4 孔插接件(转向柱开关后)；T_{5c}-5 孔插接件(转向柱开关后)；

T_{7a}-7 孔插接件(转向柱开关后)；V-前风窗刮水电动机

2. 学习自测题

（1）电动刮水系统通常具有(　　)等功能。

　　A. 慢速刮水　　　　　　B. 快速刮水　　　　　　C. 手动刮水　　　　　　D. 间歇刮水

（2）能根据雨量自动调节刮水速度的是(　　)。

A. 感应型刮水系统　　　B. 无骨式刮水系统　　　C. 喷水型刮水系统　　　D. 有骨刮水系统

（3）刮水器的不同转速是通过增加变速传动机构实现的。（　　）

　　A. 正确　　　　　　B. 错误

（4）由于电动刮水系统具有自动复位功能，因此在任何时刻关闭电动刮水器，刮水臂均会在初始位置停止。（　　）

　　A. 正确　　　　　　B. 错误

3. 维修信息获取练习

查阅维修手册，简要说明如何检测花冠车型的间歇刮水功能。

4. 学习目标达到程度的自我检查（表4-7）

自 我 检 查 表　　　　　　　　　　　　　　　　　　　　　　表4-7

序号	学习目标	达到情况（在相应的选项后打"√"）		
		能	不能	如果不能，是什么原因
1	叙述刮水器、清洗器的组成和功能			
2	分析电动刮水器的工作原理			
3	识读常规车型电动刮水系统电路，查阅相关资料，分析电动刮水系统故障的原因			
4	实施计划，按专业要求独立或合作完成刮水系统检测与更换工作			

5. 日常表现性评价（由小组长或者组内成员评价）

（1）工作页填写情况。（　　）

　　A. 填写完整　　　B. 缺失0～20%　　　C. 缺失20%～40%　　　D. 缺失40%以上

（2）工作着装是否规范？（　　）

　　A. 穿着校服（工作服），佩戴胸卡　　　B. 校服或胸卡缺失一项

　　C. 偶尔会既不穿校服又不戴胸卡　　　D. 始终未穿校服、佩戴胸卡

（3）能否主动参与工作现场的清洁和整理工作？

　　A. 积极主动参与5S工作　　　B. 在组长的要求下能参与5S工作

　　C. 在组长的要求下能参与5S工作，但效果差　　　D. 不愿意参与5S工作

（4）升降汽车举升器或起动发动机时，有无进行安全检查并警示其他同学？（　　）

　　A. 有安全检查和警示　　　B. 有安全检查，无警示

　　C. 无安全检查，有警示　　　D. 无安全检查，无警示

（5）是否达到全勤？（　　）

　　A. 全勤　　　B. 缺勤0～20%（有请假）

　　C. 缺勤0～20%（旷课）　　　D. 缺勤20%以上

（6）总体印象评价。（　　）
    A. 非常优秀   B. 比较优秀
    C. 有待改进   D. 急需改进
（7）其他建议：

小组长签名：_____　　　　　　　_____年_____月_____日

6. 教师总体评价

（1）对该同学所在小组整体印象评价。
    A. 组长负责，组内学习气氛好
    B. 组长能组织组员按要求完成学习任务，个别组员不能达到学习目标
    C. 组内有 30% 以上的学员不能达到学习目标
    D. 组内大部分学员不能达到学习目标
（2）对该同学整体印象评价：
_____
_____。

教师签名：_____　　　　　　　_____年_____月_____日

学习任务 5　汽车电动车窗的检测与维修

学习目标

完成本学习任务后，你应当能：
1. 叙述电动车窗的组成、功能；
2. 分析电动车窗的工作过程；
3. 识读常规车型电动车窗电路，查找相关资料，分析电动车窗故障的原因；
4. 实施计划，按专业要求独立或合作完成电动车窗的电路检修和元件更换；
5. 初始化防夹电动车窗。

建议完成本学习任务为 8 学时

内容结构

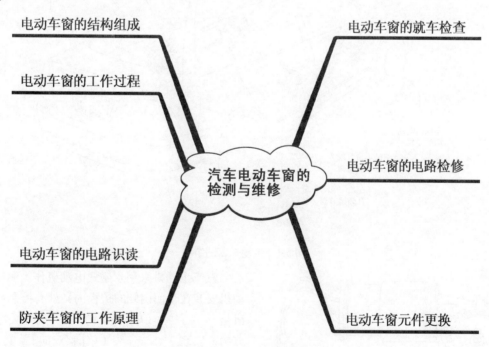

学习任务描述

请按专业水平对电动车窗进行检查，如有必要请维修或更换电动车窗的元件、线路，解决电动车窗的故障。

现代汽车广泛使用电动车窗，驾驶人或乘客在座位上利用开关，控制车窗玻璃自动上升或下降，提高了使用人员的操作便利性。

一、学习准备

*1. 在检修汽车电动车窗之前，需要熟悉电动车窗的组成部分和功能，电动车窗由哪几部分组成？各部分组件分别实现什么功能？

电动车窗主要由电动机、驱动机构及车窗升降器、控制开关等组成，如图5-1所示。

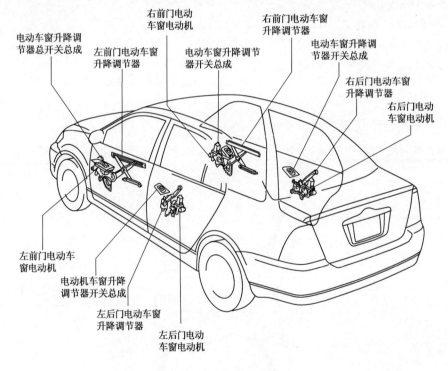

图5-1 电动车窗的组成

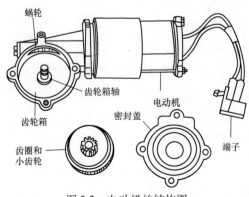

图5-2 电动机的结构图

汽车上通常采用永磁式电动机作为驱动装置。电动机安装在车门内侧的护板内，外有控制开关。电动机是_____（单向/双向）的，用开关可控制电流方向，实现_____（单向/双向）旋转，如图5-2所示。电动机提供的动力是旋转的，而电动车窗的运动是上下垂直运动，所以需要驱动机构改变电动机输出运动的方向。

驱动机构及车窗升降器的作用是实现方向转换，主要有三种形式。

1）齿扇换向

齿扇换向机构如图5-3所示，齿扇上连有螺旋弹簧。车窗上升时，弹簧伸展，放出能量，以减轻电动机负荷；车窗下降时，弹簧被压缩，吸收能量，因此无论车窗上升还是下降，电动机的负荷都基本相同。

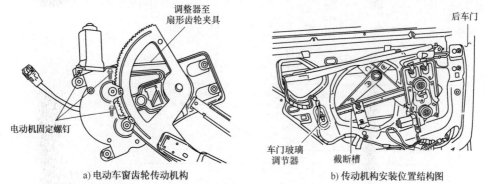

图 5-3 电动车窗齿轮传动机构

2）柔性齿条换向

柔性齿条使用齿条和小齿轮实现车窗方向转换，图5-4所示为柔性齿条传动机构的工作过程。

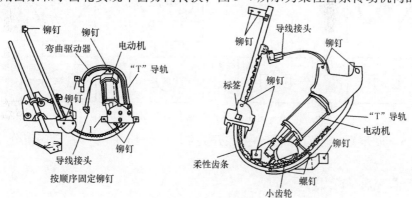

图 5-4 电动车窗齿条传动机构

3）绳轮式换向

绳轮式结构中，电动机带动一个带槽的绳轮，驱动绳缆缠绕在绳轮上，如图5-5所示。当绳轮转动时，通过绳缆的缠绕运动实现上下移动。一般的动力传递路线为：直流电动机→减速装置→绳轮→绳缆→玻璃安装支架→玻璃升降。

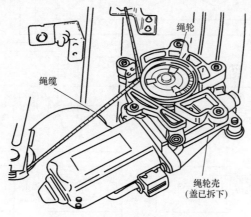

图 5-5 电动车窗绳轮式传动机构

2. 当驾驶人或乘客利用开关操纵电动车窗时，电动车窗应能自动上升或下降，电动车窗怎样实现上升和下降的功能？

1）车窗上升（以左后车窗为例）

参考图 5-6 完成左后车窗上升的电路，并在图中标明电流路径。

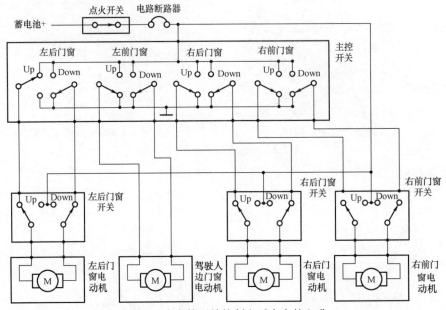

图 5-6　由主控开关控制左后车窗的上升

蓄电池正极→点火开关→电路断路器→主控开关左后门窗 Up 触点→左后门窗分控开关 Up 触点→电动机→＿＿＿＿＿→＿＿＿＿＿→搭铁。

2）车窗下降（以左后车窗为例）

参考图 5-7 完成左后车窗下降的电路，并在图中标明流经电动机的电流方向。

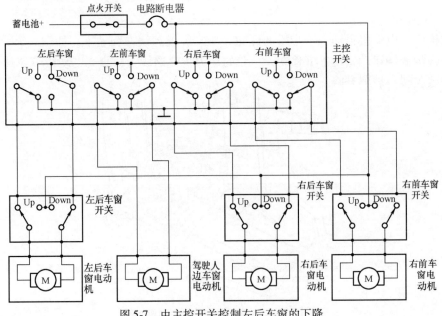

图 5-7　由主控开关控制左后车窗的下降

蓄电池正极→点火开关→电路断路器→主控开关左后门窗 Down 触点→_____→电动机→_____→_____→搭铁。

比较车窗的上升和下降的过程，说明流经电动机的电流方向发生怎样的变化？

除了操纵主控开关可以实现左后车窗的升降外，乘客是否能够通过操纵左后门窗的开关实现左后车窗的升降？

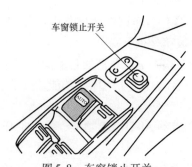

图 5-8 车窗锁止开关

许多车型的车窗主控开关通过设置一个锁止开关，可以控制各分控开关，使之失去对相应门窗的操控能力，如图 5-8 所示。在图 5-6、图 5-7 中有没有设置这样的锁止开关？如果没有，则应在何处设置？请在图 5-6 中表示出来。

*3. 当车窗完全关闭或由于结冰导致车窗不能自由运动时，如果继续接通开关使电动机通电，电动机会由于过载而烧毁。怎样避免出现这种情况？

为了防止电路过载，电路或电动机内装有一个或多个断路器，用以控制电流。当电动机过载时，即使开关没有断开，热敏开关也会自动断路。

小词典

PTC（正温度系数）断路器：PTC 断路器是一种特殊类型的断路器，由导电聚合物制成。在正常状态下，该聚合物处于密集结晶状态，许多碳粒子聚集在一起，为电流提供良好的导通通路。在高温下，聚合物发生膨胀，打断碳链，电流通路被断开。其工作状态如图 5-9 所示。

a) 正常状态　　　　　　　b) 断开状态

图 5-9 PTC 断路器的两种状态

防止电动机过载的元件能否使用熔断丝，为什么？

二、计划与实施

*4. 一辆花冠车进厂修理。据车主反映使用电动车窗时，所有车窗玻璃无法升降。请你参照相应的维修资料，制订维修计划。

1）花冠车型电动车窗的就车检查

（1）检查电动窗的手动操作功能。

① 将点火开关扭至 ON 位置。　　　　　　　　　　　　　　　　　　　　□是　　□否

② 操作电动车窗的主开关到 UP 位置，检查车窗玻璃是否升起。操作开关至 DOWN 位置时，检查车窗玻璃是否下降。　　　　　　　　　　　　　　　　　　　　　　　　　□是　　□否

③ 操作各车门电动车窗开关到 UP 位置，检查车窗玻璃是否升起。操作开关至 DOWN 位置时，检查车窗玻璃是否下降。　　　　　　　　　　　　　　　　　　　　　　　　□是　　□否

（2）检查电动车窗的自动操作功能。

① 启动 AUTO DOWN 功能，按下主开关到 DOWN 位置，通过双重过滤后，车窗玻璃将完全打开。
　　　　　　　　　　　　　　　　　　　　　　　　　　　　　　　　　　□任务完成

② 启动 AUTO UP 功能，按下主开关到 UP 位置，通过双重过滤后，车窗玻璃将完全关闭。
　　　　　　　　　　　　　　　　　　　　　　　　　　　　　　　　　　□任务完成

③ 检查 AUTO UP 期间，按下主开关到 DOWN 位置时，车窗玻璃的工作将停止。　□任务完成

④ 检查 AUTO DOWN 期间，按下主开关到 UP 位置时，车窗玻璃的工作将停止。　□任务完成

通过对电动车窗的就车检查，请记录你发现的故障现象。

2）花冠车型电动车窗电路分析

花冠车型电动车窗电路图如图 5-10 所示。

（1）IG1 继电器控制回路（线圈回路）。

蓄电池正极→_____→1 [1A]→100A ALT 熔断丝→1 [1D]→_____→25A AMI 熔断丝→_____→点火开关接通 IG1 挡→_____→IG1 继电器线圈→_____→J2 中继线连接器→IE 位置搭铁。

（2）电动车窗继电器控制回路（线圈回路）。

蓄电池正极→_____→1 [1A]→100A ALT 熔断丝→1 [1C]→_____→IG1 继电器开关触点→_____→电动车窗继电器线圈→_____→J14 中继线连接器→IG 位置搭铁。

（3）电动车窗继电器主回路（开关触点回路）。

学习任务5 汽车电动车窗的检测与维修

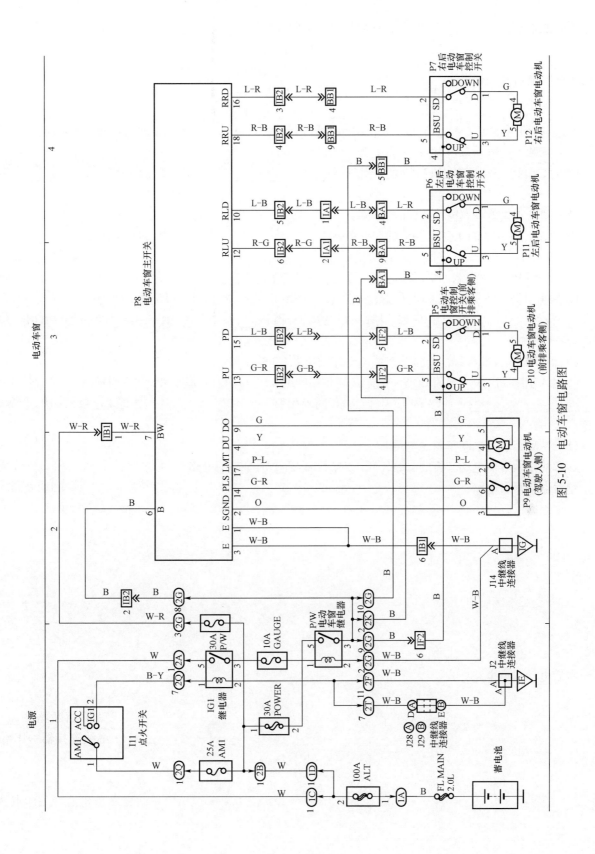

图 5-10 电动车窗电路图

蓄电池正极→_____→1 [1A]→100A ALT 熔断丝→1 [1D]→_____→30A POWER 熔断丝→

电动车窗继电器开关触点→ { 9 [2G]→_____→P5 的 4 引脚。
2 [2K]→_____→P6 的 4 引脚。
10 [2G]→_____→P7 的 4 引脚。
8 [2G]→_____→P8 的 6 引脚。

通过点火开关、IG1 继电器、电动车窗继电器等元件，蓄电池将正极电压加至各开关的对应引脚。

(4) 驾驶人侧电动车窗电路(车窗上升)。

P8 的 6 引脚→P8 的 4 引脚→P9 的 4 引脚→_____→_____→P8 的 9 引脚→_____→_____→J14 中继线连接器→IG 位置搭铁。

(5) 驾驶人侧电动车窗电路(车窗下降)。

P8 的 6 引脚→P8 的 9 引脚→P9 的 5 引脚→_____→_____→P8 的 4 引脚→_____→_____→J14 中继线连接器→IG 位置搭铁。

(6) 使用 P5 开关控制的前排乘客侧电动车窗电路(车窗上升)。

P5 的 4 引脚→P5 开关接通 UP 位置，3 引脚出→P10 电动车窗电动机→P5 的 1 引脚→_____→_____→P8 的 15 引脚→P8 的 1 引脚→_____→J14 中继线连接器→IG 位置搭铁。

(7) 使用 P5 开关控制的前排乘客侧电动车窗电路(车窗下降)。

P5 的 4 引脚→P5 开关接通 DOWN 位置，1 引脚出→P10 电动车窗电动机→P5 的 3 引脚→_____→_____→P8 的 13 引脚→P8 的 1 引脚→_____→J14 中继线连接器→IG 位置搭铁。

(8) 左后、右后电动车窗的电路。

参考前排乘客侧电动车窗的电路，写出左后、右后电动车窗的电路。

左后电动车窗电路：

右后电动车窗电路：

通过分析花冠车型电动车窗的电路，你认为以下_____等因素会导致车窗玻璃无法升降。
A. 电动车窗主开关损坏　B. 车窗电机故障　C. 线路故障　D. 点火开关损坏
请根据你的分析结论制订相应的故障检修计划：

*5. 实施计划，按专业要求独立或合作完成花冠车型的电动车窗的故障检修和元件更换。

1）检查电动车窗主开关总成

P8 电动车窗主开关、P5、P6、P7 电动窗升降调节器开关在车辆上的位置如图 5-11 所示。检测车窗开锁和锁止时主开关的导通性见表 5-1 和表 5-2。将检测结论填写在表 5-3 中。

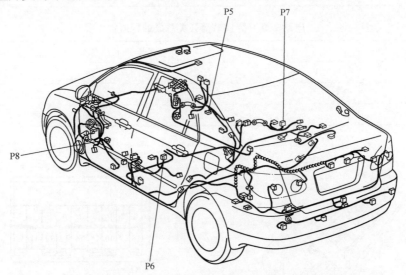

图 5-11　P8 电动车窗主开关和 P5、P6、P7 电动窗升降调节器开关位置图

（1）用螺丝刀拆下电动窗升降调节器主开关总成（图 5-12）。

（2）断开连接器。

小提示

使用螺丝刀拆卸前，用胶带裹住螺丝刀尖。

检查连接器的各个端子之间的导通性并操作开关。花冠车型电动车窗主开关总成如图 5-13 所示。

小提示

因为不能通过对驾驶人侧开关的 UP/DOWN 的操作来检查导通性，可以用基本功能检查判断操作功能的好坏。

车窗开锁时主开关的导通性　　　　　　　　　　　　　　　　　　　　　表 5-1

开关位置	乘员侧测试仪连接	右后测试仪连接	左后测试仪连接	测试标准
UP	6-13 1-15	6-18 1-16	6-12 1-10	导通
OFF	1-13 1-15	1-18 1-16	1-12 1-10	导通
DOWN	6-15 1-13	6-16 1-18	6-10 1-12	导通

车窗锁止时主开关的导通性　　　　　　　　　　　　　　　　　　　　　表 5-2

开关位置	乘员侧测试仪连接	右后测试仪连接	左后测试仪连接	测试标准
UP	6-13	6-18	6-12	导通
OFF	13-15	16-18	10-12	导通
DOWN	6-15	6-16	6-10	导通

电动车窗升降调节器开关总成的导通性　　　　　　　　　　　　　　　　表 5-3

开关位置	测试仪连接	条　件	检测结论
UP			
OFF			
DOWN			

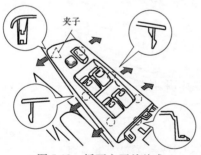

图 5-12　拆下主开关总成

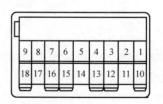

图 5-13　花冠车型电动车窗主开关总成

如检测结果不符合要求，说明电动车窗主开关损坏。

2）检查电动窗升降调节器开关总成

查阅维修手册，完成电动车窗升降调节器开关总成的检测工作（图 5-14），并在相应的表中记录。

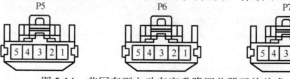

图 5-14　花冠车型电动车窗升降调节器开关总成

3) 检查车窗电动机总成

以右前侧电动机总成为例,其余电动机总成的检查步骤相同。电动机的拆卸步骤参见后续的"电动机总成的更换"。

(1) 将蓄电池电压加到对应的连接器端子,检查电动机运转是否平稳,如图 5-15 所示。将检查结论填写在表 5-4 中。

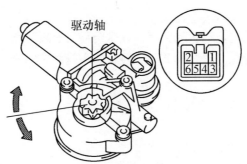

图 5-15 检查电动机总成

检查电动机总成　　　　　　　　　表 5-4

测量条件	操作方向	检测结论
蓄电池正极 – 端子 5 蓄电池负极 – 端子 4	围绕驱动轴顺时针旋转	
蓄电池正极 – 端子 4 蓄电池负极 – 端子 5	围绕驱动轴逆时针旋转	

(2) 检查电动机内的 PTC 断路器工作情况。

小提示

只有在安装了电动窗升降调节器和车门玻璃的情况下,才能进行检查。

① 将丰田电子测试仪的探针 DC400A 与线束的端子 1 和端子 2 连接。
② 将车门玻璃设定在完全关闭的位置。
③ 完全关闭约 60s 后,再次按下电动窗升降调节器开关到 UP 位置,检查从按下开关到 UP 位置开始到测试电流改变为小于 1A 所用的时间。标准为 4～90s。
④ 停止检查后约 60s,检查按下电动窗升降调节器开关到 DOWN 位置时,车窗玻璃是否下降。

4) 检查电动车窗线路

检查步骤请参照电路原理图、布线图执行。

完成元件和电路检测后,请你将检测结论填写在表 5-5 中,并确定需要更换的元件。

花冠车车窗玻璃无法升降故障诊断表　　　　　　　　表 5-5

元件/线路	电动车窗主开关	电动窗升降调节器开关	电动机总成	电动车窗线路
故障部位				

5) 电动车窗元件更换

(1) 更换电动车窗升降调节器主开关总成。

① 拆下电动车窗升降调节器主开关总成。
拆卸步骤参考图 5-12。
② 安装新的电动车窗升降调节器主开关。
（2）更换电动车窗电动机总成。

 小提示

以下所列步骤适合右前门电动机的更换，其余电动机总成的更换步骤相同。
安装步骤和拆卸步骤相反。遇有拆卸与安装步骤不同时会特别指明。

① 拆下右前门饰板分总成，如图 5-16 所示。
a. 拆下 3 个螺钉。
b. 脱开夹子，然后将饰板向上拉，拆下饰板。
② 拆下右前门内把手分总成，如图 5-17 所示。
拆下内把手，并从内把手上断开这两条拉索。

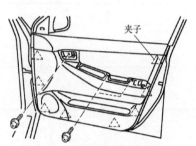

图 5-16　拆下右前门饰板分总成

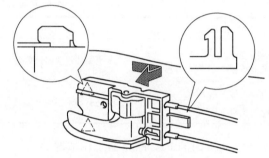

图 5-17　拆下右前门内把手分总成

③ 拆下右前门玻璃分总成，如图 5-18 所示。
a. 打开车窗玻璃使螺栓从维修孔露出。
b. 拆下 2 个螺栓，向上移去车窗玻璃。

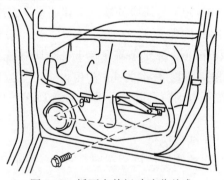

图 5-18　拆下右前门玻璃分总成

 小提示

在门板处放一块抹布，防止刮伤玻璃。

④ 拆下右前门玻璃导槽。

学习任务5 汽车电动车窗的检测与维修

⑤ 拆下右前门车窗升降调节器分总成。

a. 断开连接器。

b. 拆下6个螺栓和车窗升降调节器。

⑥ 拆下右电动窗升降调节器电动机总成。

a. 在车窗升降调节器电动机支架和升降调节器齿轮上做装配标记。

b. 拆下3个螺钉和电动机。

⑦ 安装新的右电动窗升降调节器电动机总成。

⑧ 安装右前门车窗升降调节器分总成。

a. 用6个螺栓安装右前门车窗升降调节器，拧紧力矩：8.0N·m。

b. 安装电动窗升降调节器和车门玻璃。

c. 将电动窗开关连接到线束并将点火开关扭至ON位置。

d. 手动重复UP、DOWN操作多次。

e. 检查自动上升（AUTO UP）、自动下降（AUTO DOWN）的功能。

花冠车型使用的是_____（齿扇式/柔性齿条式/绳轮式）类型的车窗升降器。

花冠车型驾驶人侧的车窗具备防夹功能，在更换了车门玻璃或者车门玻璃导槽后需要重新初始化防夹电动车窗，否则可能使驾驶人侧电动车窗的防夹功能工作不正常。

学习拓展

*6. 电动车窗怎样实现防夹功能？

部分车型通过安装防夹玻璃升降器实现防夹伤功能。当车窗玻璃上升时，如果在上升区域内有人体某部位或物件时，则车窗自动下移至规定位置停止，以防止夹伤乘客。

目前，防夹玻璃升降器根据实现防夹功能方式的不同可分为两类：接触式和非接触式。接触式利用霍尔元件来监测车窗的运动（方向和位置），当运动中的车窗受到横向或正向压力时，它会给车窗电动机带来更大的负载，并随后增加电动机中的电流。当该电流增加到一定程度时，ECU就认为电动车窗的玻璃在上升过程中遇到了真实的阻力，并发出指令要求电动机停转或反转（下降），从而有效和可靠地实现了防夹功能。非接触是指通过一套红外检测控制系统来检测有无异物在电动车窗移动范围内，从而控制玻璃移动，无须异物直接接触到玻璃。红外检测控制系统主要由一排红外光源、光学传感器、红外发射器和接收器组成，它一般安装在车窗的内饰件上或窗槽内，可连续精确地扫描指定的区域。这个区域一般指车窗玻璃向上移动时，距离车窗开口框上边缘4~200mm范围内。一旦检测到有异物，传感器会极速将信息反馈至ECU，ECU发出指令使电动机停止运转或反转。

关闭玻璃的过程中，可能遇到障碍物，同时玻璃关闭时最终必然会接触到上侧门框上的玻璃导轨胶条。为了既能实现防夹功能，又可以最终关闭玻璃，一般将玻璃上升的区间（即从车窗的上止点到下止点）范围内划分为非防夹区和防夹区两个区间。

（1）非防夹区：从车窗上止点到上止点以下某一范围（一般玻璃升降机的非防夹区为车窗上止点到以下10mm）。该区域内即便玻璃上升时遇到障碍物，电动机也不会反转，以保证玻璃遇到上侧门框上的玻璃导轨胶条时会停止而不是反转。

（2）防夹区：非防夹区以外的区域。在该区域内，如果车窗玻璃在上升过程中遇到障碍物，车窗电动机会反转一段距离后（如120~150mm）停止，以确保不会夹伤人体部位如手、手臂等，同时也起到自保护作用，不会因过载而损伤电动机。

＊7. 如何操作电动车窗防夹电动车窗的初始化？

不同车型的防夹电动车窗的初始化需要遵照维修手册的提示操作，以下是花冠车型的防夹电动车窗的初始化的操作步骤。

（1）在电动车窗操作期间断开车窗电动机连接器，使电动机返回至初始化前状态。

小提示

在初始化期间，禁用其他电子系统。供应给电动车窗电动机的电源电压下降时，初始化将中断。

（2）连接蓄电池负极端子，打开点火开关，电动车窗主开关上的指示灯将闪烁。

（3）操作电动车窗主开关完全关闭车窗玻璃。车窗玻璃停止后，在 AUTO UP 位置按住电动车窗主开关 1s 以上。

（4）检查电动车窗主开关上的指示灯是否保持闪烁，如指示灯保持闪烁，表示初始化成功；否则，至少降低车窗玻璃 50mm，重复初始化步骤。

查阅维修手册，完成表 5-6 花冠车型电动车窗的故障症状表。通过小组讨论，简要陈述当电动车窗出现其他故障时的排除步骤。

花冠车型电动车窗故障症状表　　　　表 5-6

症　状	故障可能发生部位

三、评价反馈

1. 使用（维修）案例分析

一客户反映，自己驾驶的花冠轿车出现电动后视镜无法调整的故障，请你完成对电动后视镜的工作过程的分析，并正确回答问题。电动后视镜电路图如图 5-19 所示。

（1）小组讨论，在教师指导下，写出电动后视镜的工作回路。

学习任务5 汽车电动车窗的检测与维修

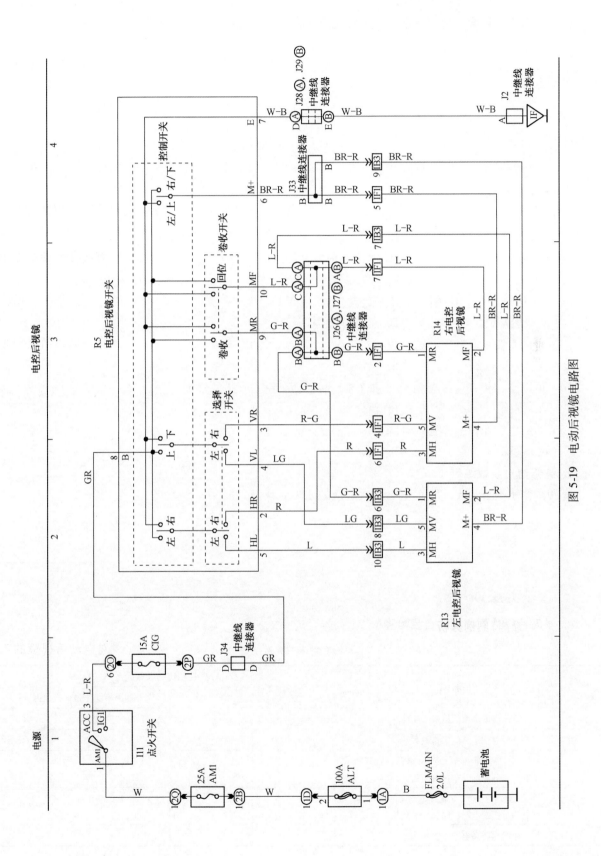

图 5-19 电动后视镜电路图

（2）根据你的体会，说明电动后视镜和电动车窗的工作过程有什么相同点。

2. 学习自测题

（1）电动车窗组成部分包括（　　）。

    A. 车窗电动机   B. 车窗升降器

    C. 防夹开关   D. 电动车窗主开关

（2）以下（　　）等因素会导致车窗玻璃无法升降？

    A. 电动车窗主开关损坏 B. 车窗电动机故障

    C. 线路故障   D. 点火开关损坏

（3）电动车窗上升和下降的过程中，流经车窗电动机的电流方向相反。（　　）

    A. 正确   B. 错误

（4）可以通过检查连接器端子的导通性判断电动车窗主开关的性能。（　　）

    A. 正确   B. 错误

（5）防夹电动车窗在车窗的升降范围内都有防夹功能。（　　）

    A. 正确   B. 错误

3. 维修信息获取练习

查阅维修手册，列出花冠车型电动后视镜的故障症状表。

4. 学习目标达到程度的自我检查（表5-7）

自 我 检 查 表　　　　　　　　　　　　　　　　　　表5-7

序号	学习目标	达到情况（在相应的选项后打"√"）		
		能	不能	如果不能，是什么原因
1	叙述电动车窗的组成、功能			
2	分析电动车窗的工作过程			
3	识读常规车型电动车窗电路，查找相关资料，分析电动车窗故障的原因			
4	实施计划，按专业要求独立或合作完成电动车窗的电路检修和元件更换			
5	初始化防夹电动车窗			

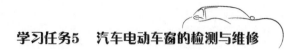

5. 日常表现性评价（由小组长或者组内成员评价）

(1) 工作页填写情况。（　　）
  A. 填写完整　　　　　　　　　　　　B. 缺失 0~20%
  C. 缺失 20%~40%　　　　　　　　　D. 缺失 40%以上

(2) 工作着装是否规范？（　　）
  A. 穿着校服（工作服），佩戴胸卡　　　B. 校服或胸卡缺失一项
  C. 偶尔会既不穿校服又不戴胸卡　　　D. 始终未穿校服、佩戴胸卡

(3) 能否主动参与工作现场的清洁和整理工作？（　　）
  A. 积极主动参与 5S 工作　　　　　　B. 在组长的要求下能参与 5S 工作
  C. 在组长的要求下能参与 5S 工作，但效果差　D. 不愿意参与 5S 工作

(4) 升降汽车举升器或起动发动机时，有无进行安全检查并警示其他同学？（　　）
  A. 有安全检查和警示　　　　　　　　B. 有安全检查无警示
  C. 无安全检查，有警示　　　　　　　D. 无安全检查，无警示

(5) 是否达到全勤？
  A. 全勤　　　　　　　　　　　　　　B. 缺勤 0~20%（有请假）
  C. 缺勤 0~20%（旷课）　　　　　　　D. 缺勤 20%以上

(6) 总体印象评价。（　　）
  A. 非常优秀　　　　　　　　　　　　B. 比较优秀
  C. 有待改进　　　　　　　　　　　　D. 急需改进

(7) 其他建议：

小组长签名：_____　　　　　_____年_____月_____日

6. 教师总体评价

(1) 对该同学所在小组整体印象评价。（　　）
  A. 组长负责，组内学习气氛好
  B. 组长能组织组员按要求完成学习任务，个别组员不能达到学习目标
  C. 组内有 30%以上的学员不能达到学习目标
  D. 组内大部分学员不能达到学习目标

(2) 对该同学整体印象评价：
_____
_____
_____。

教师签名：_____　　　　　_____年_____月_____日

学习任务6 汽车仪表系统的检测与维修

学习目标

完成本学习任务后，你应当能：
1. 叙述汽车仪表板的结构组成和功能；
2. 分析常见仪表、指示灯的工作原理；
3. 拆卸和安装汽车仪表板；
4. 实施计划，按专业要求独立或合作完成门控灯的检测工作；
5. 合作制订其他仪表的故障诊断、维修计划。

建议完成本学习任务为 8 学时

内容结构

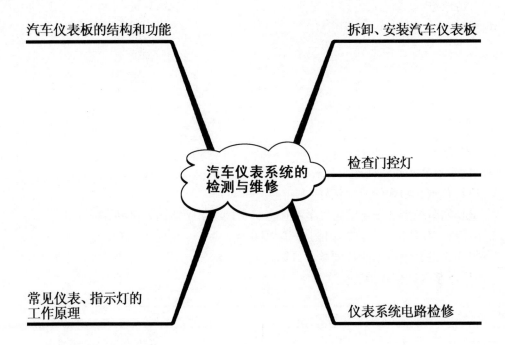

学习任务6 汽车仪表系统的检测与维修

学习任务描述

请按专业水平对汽车仪表系统进行检查,如有必要请维修或更换仪表板,解决仪表系统的故障。

为了使驾驶人及时获取汽车各系统工作状况,了解汽车相关信息,在驾驶人前方装有由各种仪表、指示灯和警示灯组成的仪表板。汽车上常见的仪表板分为组合仪表和集成仪表两类。

一、学习准备

*1. 汽车仪表板由哪些部分组成?各部分组件分别实现什么功能?

典型汽车仪表板的组成如图6-1所示。汽车仪表板通常为驾驶人提供如表6-1所示的功能,根据车型的复杂程度,仪表板的显示功能也略有差异。

图6-1 汽车仪表板结构

轿车仪表板结构和功能 表6-1

结构组成		功　能
仪表	车速表	根据车速传感器的信号,显示汽车行驶速度
	发动机转速表	显示当前汽车发动机的曲轴转速
	燃油表	根据燃油箱液位传感器的信号,指示汽车燃油箱内的燃油量
	发动机冷却液温度表	显示发动机冷却液的温度
	里程表	记录车辆已行驶的总里程
	行程里程表	记录从行程里程表归零开始以来的行驶里程,通常最大显示值为999m
警告灯(红色或黄色)	故障指示灯	常亮时,发动机控制系统存在故障
	制动警告灯	驻车制动起作用;制动液液面过低
	ABS警告灯	常亮时,警告防抱死制动控制系统出现故障
	SRS警告灯	常亮时,警告SRS控制系统出现故障
	门控灯	警告有车门处于未关闭状态
	燃油液位警告灯	警示燃油箱燃油处于快耗尽的状态
	发动机机油压力低警告灯	发动机运转时该灯应熄灭。若发动机运转时该灯亮,警告发动机此时的机油压力低于规定值
	驾驶人侧座椅安全带未系警告灯	警示驾驶人此时处于未系安全带的状态
	充电警告灯	发动机运转时该灯应熄灭。若发动机运转时该灯亮,警告发动机充电系统出现故障
指示灯	转向指示灯	指示汽车转向信号灯"向左"或"向右"闪烁的状态;指示按下危险警告开关状态
	远光灯指示灯	指示汽车前照灯为远光灯的状态
	挡位指示灯(AT)	指示自动变速器换挡手柄所处的挡位:D、N、R或P
	前雾灯开启指示灯	指示汽车前雾灯处于打开的状态
	后雾灯开启指示灯	指示汽车后雾灯处于打开的状态

参照花冠轿车用户手册，在花冠车型的仪表板上辨别各种仪表、警告灯和指示灯。

请说出发动机冷却液温度表和燃油表表盘符号的含义。

 小提示

仪表板分为组合仪表和集成仪表两类，如图6-2、图6-3所示。
组合仪表可单独更换单个仪表，如车速表、冷却液温度表等。
集成仪表内装有大规模集成电路及微处理器，只能整体更换，目前大多数汽车采用集成仪表。

图6-2　组合仪表

图6-3　集成仪表

二、计划与实施

 *2. 一辆花冠车进厂修理。据车主反映门控灯显示不正确。请你参照相应的维修资料，实施维修计划，排除这一故障，并做好相应记录。

1）仪表系统门控灯电路分析

图6-4、图6-5所示为花冠车型车内灯的电路图，请根据提示分析花冠车型门控灯的工作过程。

学习任务6 汽车仪表系统的检测与维修

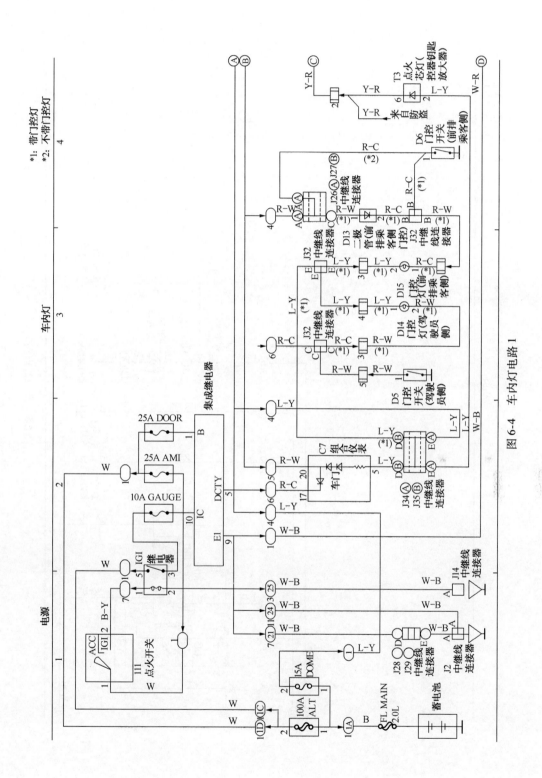

图 6-4 车内灯电路 1

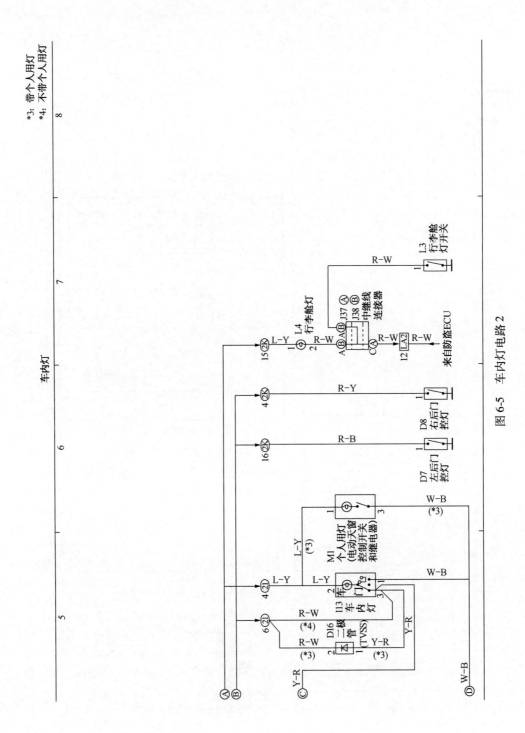

图 6-5 车内灯电路 2

（1）说出图6-4中组合仪表中C7/5的作用。

（2）参考图6-4、图6-5，说明门控灯的工作电路。

（3）根据电路分析的结论，制订相应的维修计划。

2）故障部位检修
（1）门控灯开关检测。
门控灯开关D5、D6、D7、D8在车辆上的位置如图6-6所示。

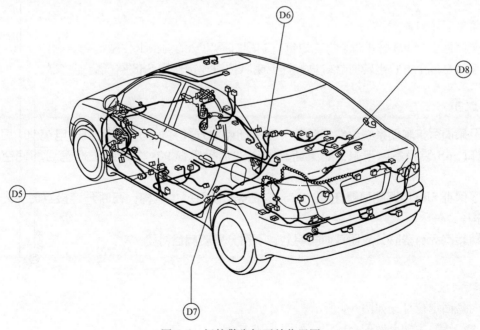

图6-6 门控警告灯开关位置图

D5-门控灯开关（驾驶人侧）；D6-门控灯开关（前排乘客侧）；D7-左后门控灯开关；D8-右后门控灯开关

断开门控灯开关上的连接器,检查门控灯开关线束连接器,如图6-7所示。并记录检测结论。

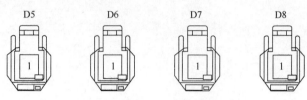

图6-7 门控灯开关线束连接器

(2)花冠车型集成仪表检测。

若判断故障部位可能在于集成仪表,则需要检测集成仪表,因此需要正确拆卸仪表板。

① 拆卸仪表板。

a. 拆卸转向盘衬垫(带SRS空气囊),如图6-8所示。

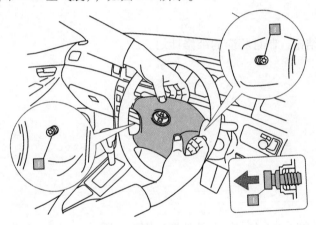

图6-8 拆卸转向盘衬垫

检查前轮是否正对前方。

用梅花套筒扳手(T30)松开两个梅花螺钉直到螺钉周边套的沟槽卡住螺钉壳。

从喇叭按钮总成上方拉出转向盘衬垫,拆下喇叭按钮连接器和SRS空气囊连接器。

小提示

涉及乘员保护辅助系统部件拆卸前,要关闭点火开关并拆卸蓄电池负极电缆90s后才可开始工作(SRS装有备用电源,如果断开蓄电池负极电缆90s内开始工作有可能使空气囊张开)。

为了保证SRS电路的可靠连接,SRS连接器上设有锁止机构,在断开连接器时要先解开锁止机构。

放置转向盘衬垫时,应使其顶面朝上;不得分解转向盘衬垫。

b. 拆卸转向盘。

拆卸转向盘固定螺母,如图6-9所示。

在转向盘和转向主轴上做配合标记,如图6-10所示。

学习任务6　汽车仪表系统的检测与维修

小提示

配合标记用于安装时保证相互之间位置关系。

SRS 螺旋电缆有一个中心标记，如果在汽车检修时转动了螺旋电缆，若安装转向盘时不做正确调整，有可能在转动转向盘时拉断螺旋电缆。

使用专用工具，卸下转向盘，如图 6-11 所示。

c. 拆卸仪表板罩壳，如图 6-12 所示。

用螺丝刀拆下仪表板罩壳上方的卡扣。

在一字螺丝刀尖部缠上胶带后分开 3 个卡夹和 4 个卡爪，卸下仪表板罩壳。

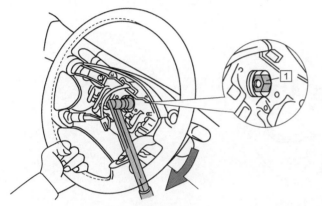

图 6-9　拆卸转向盘固定螺母

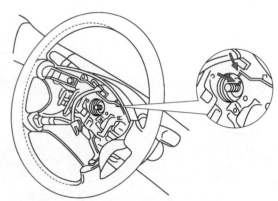

图 6-10　在转向盘和转向主轴上做配合标记

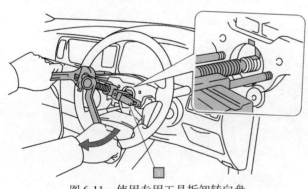

图 6-11　使用专用工具拆卸转向盘

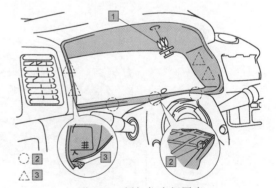

图 6-12　拆卸仪表板罩壳

d. 拆卸仪表板总成，如图 6-13 所示。

拆卸螺钉 <A>。

用手推卡夹图示阴影部分使两个卡夹脱开，移出仪表板，断开仪表板连接器 C7 和 C14。

② 检查仪表板连接器和对应线束。参考汽车仪表板电路图，检查仪表板连接器和对应线束。

根据花冠汽车电路图中"继电器位置分布图"，查找仪表板电路中电气装置的安装位置（图 6-14）。

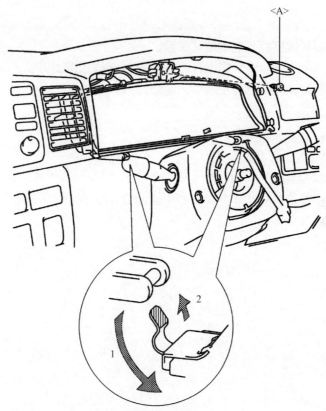

图 6-13　拆卸仪表板总成

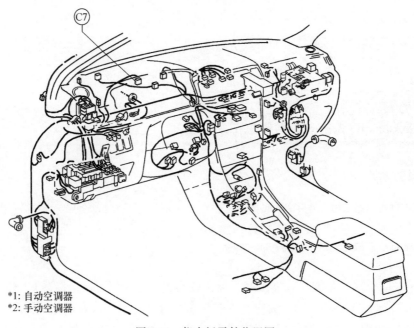

*1：自动空调器
*2：手动空调器

图 6-14　仪表板零件位置图

学习任务6 汽车仪表系统的检测与维修

检查仪表板连接器 C7 至门控开关 D5、D6、D7、D8 之间的线束，将检测值填写在表 6-2 中。仪表板线束连接器 C7 如图 6-15 所示。

仪表板连接器 C7 至门控开关 D5、D6、D7、D8 之间的线束检查　　　表 6-2

测试仪连接	条　件	规定条件	检　测　值
C7/17-D5/1	恒定	导通	
C7/20-D6/1	恒定	导通	
C7/20-D7/1	恒定	导通	
C7/20-D8/1	恒定	导通	

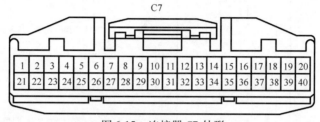

图 6-15　连接器 C7 外形

若检测结果不符合要求，应如何进一步检查故障点的位置？

③ 检查仪表板连接器电压。

a. 检查电压前需要连接好仪表板连接器，将蓄电池负极电缆连接到蓄电池负极柱。

 小提示

由于转向盘衬垫被拆下，此时打开点火开关会使 SRS 系统 ECU 检测到故障代码，所以在工作结束后要清除 SRS 系统 ECU 存储的故障代码。

b. 结合图 6-16(1)、(2) 汽车仪表板电路图，检测 C7 以下端子对搭铁电压，填写表 6-3。

C7 端子对搭铁电压检测　　　表 6-3

点火开关位置	测试仪连接	测量值(V)	是否正常
OFF	C7 端子 5 – 搭铁		
ON	C7 端子 4 – 搭铁		
	C7 端子 32 – 搭铁		
	C7 端子 1 – 搭铁		
	C7 端子 22 – 搭铁		

若以上测量值正常，则更换仪表板总成；若不正常，则修理或更换线束和连接器。

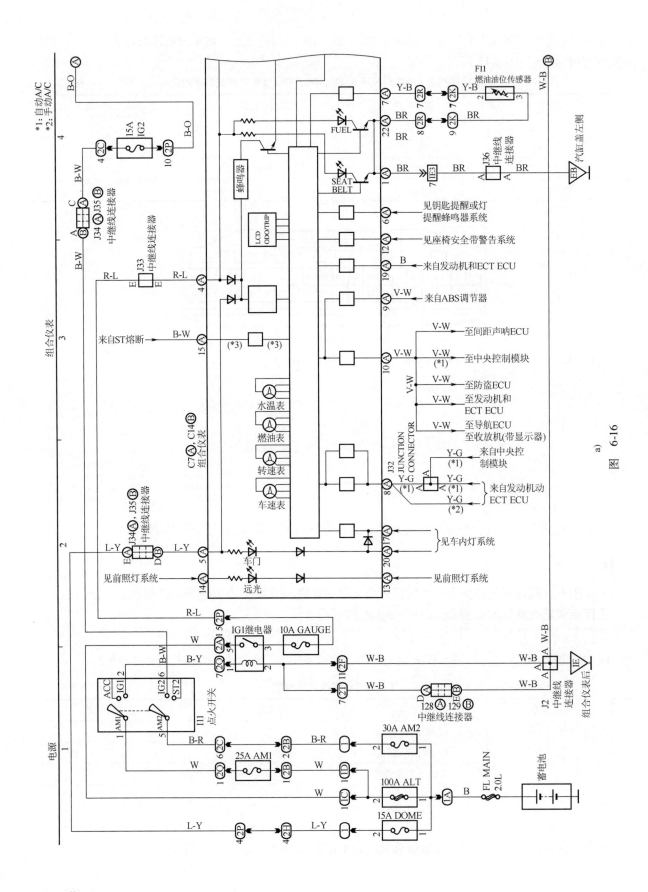

图 6-16 a)

学习任务6 汽车仪表系统的检测与维修

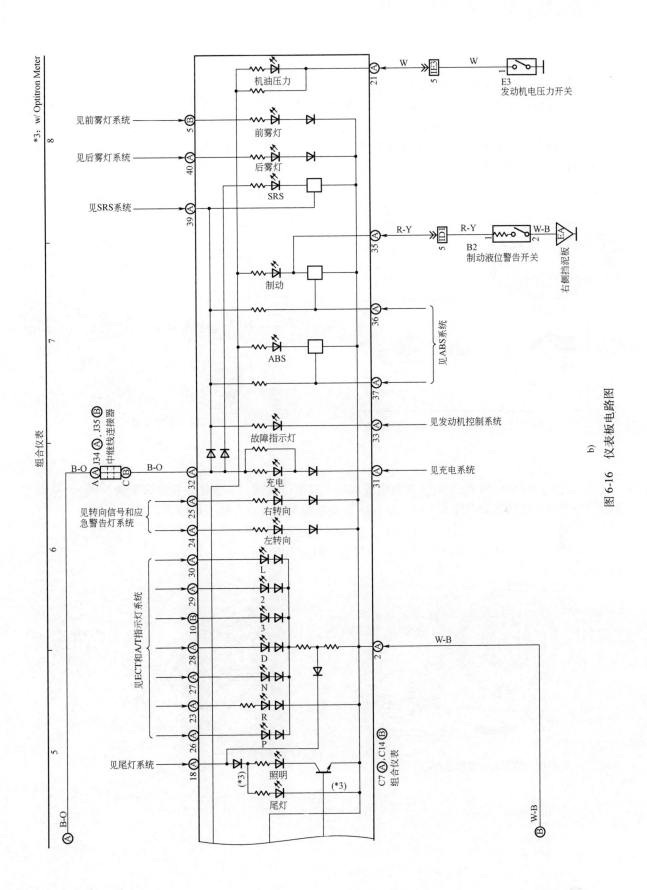

图6-16 仪表板电路图
b)

④ 安装仪表板。

a. 安装仪表板总成。

将连接器 C7 和 C14 连接到仪表板上。

挂上仪表板的两个卡扣,安装仪表板上方的固定螺钉,如图 6-17 所示。

b. 安装仪表板罩壳,如图 6-18 所示。

将仪表板罩壳放置到安装位置,在卡扣和卡爪处按压,使其安装到位。

安装仪表板罩壳上方的固定卡扣。

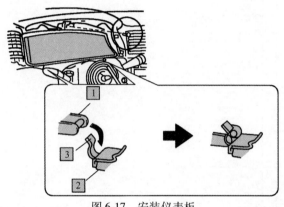

图 6-17 安装仪表板

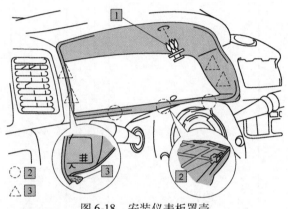

图 6-18 安装仪表板罩壳

c. 安装转向盘。

逆时针旋转螺旋电缆直到锁止(螺旋电缆从一个极限位置到另一极限位置最多旋转 5 圈),从锁止位置开始顺时针旋转螺旋电缆 2.5 圈,使 SRS 螺旋电缆对准中心,如图 6-19 所示。

将拆卸时做的转向盘与转向主轴配合标志对准,如图 6-20 所示。

安装转向盘固定螺母,如图 6-21 所示,拧紧力矩为 50N·m。

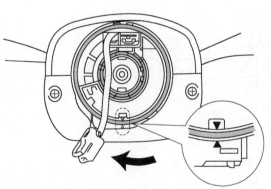

图 6-19 使螺旋电缆对准中心

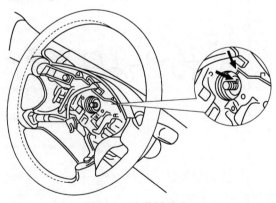

图 6-20 安装转向盘

学习任务6 汽车仪表系统的检测与维修

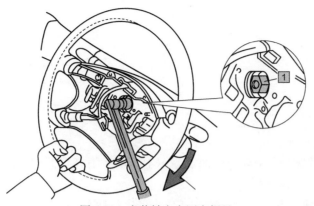

图 6-21 安装转向盘固定螺母

⑤ 安装转向盘衬垫。

 小提示

如果转向盘衬垫因意外掉落，外壳或连接器有裂纹等缺陷，应换上新的转向盘衬垫。
安装转向盘衬垫时，不要让配线与其他部件产生干涉。
一定要用规定力矩安装转向盘衬垫。

a. 连接螺旋电缆连接器，按下连接器锁止装置；连接喇叭线束连接器。
b. 确认梅花螺钉圆周上的卡槽已卡在螺钉壳后，再安装转向盘衬垫，如图 6-22 所示。
c. 用梅花套筒扳手拧紧两个螺钉，拧紧力矩为 8.8N·m。
d. 检查前轮是否对正和转向盘是否位于中心，如图 6-23 所示。

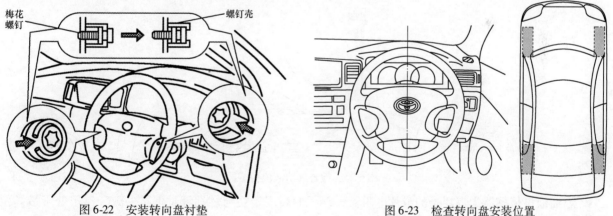

图 6-22 安装转向盘衬垫　　　　　　　　　　图 6-23 检查转向盘安装位置

⑥ 连接燃油液位传感器连接器，对正燃油箱线束盖罩和汽车底板之间做配合记号后用手按压使其密封良好，安装后座座垫。
⑦ 连接蓄电池负极电缆，恢复车辆信息，清除 SRS 故障代码。
⑧ 安装后检查汽车仪表板是否工作正常。
a. 检查仪表板工作是否正常：仪表照明，仪表、警告灯和指示灯工作情况。

b. 检查喇叭工作是否正常。

三、评价反馈

1. 使用(维修)案例分析

一客户反映,自己驾驶的花冠轿车燃油表显示不正确。请你参照相应的维修资料,完成对燃油表工作过程的分析,并正确回答问题。

(1) 通过图 6-24 燃油表电路简图,分析故障可能发生的部位。

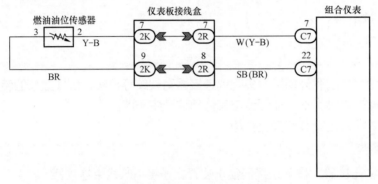

图 6-24 花冠轿车燃油表电路简图

(2) 参考图 6-25,查阅相关资料,结合燃油液位传感器的工作原理,制订燃油液位传感器的检修计划。

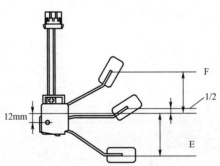

图 6-25 检查燃油液位传感器

燃油液位传感器为带浮子的滑片电阻器,浮子的高度始终与燃油液位保持一致,浮子处于最高位时燃油液位传感器端子 2 和 3 之间的阻值为 3～5Ω,浮子处于最低位时燃油液位传感器端子 2 和 3 之间的阻值为 106～108Ω,仪表板根据燃油液位传感器信号使燃油表指针指示对应的位置。

燃油液位传感器的检修计划:

学习任务6 汽车仪表系统的检测与维修

2. 学习自测题

（1）仪表系统包括（　　）。
　　A. 仪表　　　　　　B. 警告灯　　　　　　C. 指示灯　　　　　　D. 传感器

（2）燃油液位传感器电阻越大，则燃油表显示油箱油量越满。（　　）
　　A. 正确　　　　　　B. 错误

（3）组合仪表可单独更换单个仪表。（　　）
　　A. 正确　　　　　　B. 错误

（4）行李舱开关可以控制门控灯点亮。（　　）
　　A. 正确　　　　　　B. 错误

3. 维修信息获取练习

查阅维修手册，拟订花冠轿车机油压力警告灯常亮的故障诊断方案。

4. 学习目标达到程度的自我检查（表6-4）

自 我 检 查 表　　　　　　　　　　　　　　　　　　　　　　　表6-4

序 号	学 习 目 标	达到情况（在相应的选项后打"√"）		
		能	不 能	如果不能，是什么原因
1	叙述汽车仪表板的结构组成和功能			
2	分析常见仪表、指示灯的工作原理			
3	拆卸和安装汽车仪表板			
4	实施计划，按专业要求独立或合作完成门控灯的检测工作			
5	合作制订其他仪表的故障诊断、维修计划			

5. 日常表现性评价（由小组长或者组内成员评价）

（1）工作页填写情况。（　　）
　　A. 填写完整　　　　B. 缺失0～20%　　　C. 缺失20%～40%　　　D. 缺失40%以上

（2）工作着装是否规范？（　　）
　　A. 穿着校服（工作服），佩戴胸卡　　　　B. 校服或胸卡缺失一项
　　C. 偶尔会既不穿校服又不戴胸卡　　　　D. 始终未穿校服、佩戴胸卡

（3）能否主动参与工作现场的清洁和整理工作？（　　）
　　A. 积极主动参与5S工作　　　　　　　　B. 在组长的要求下能参与5S工作
　　C. 在组长的要求下能参与5S工作，但效果差　　D. 不愿意参与5S工作

（4）升降汽车举升器或起动发动机时，有无进行安全检查并警示其他同学？（　　）
　　A. 有安全检查和警示　　　　　　　　　　B. 有安全检查无警示
　　C. 无安全检查，有警示　　　　　　　　　D. 无安全检查，无警示

(5) 是否达到全勤?（　　　）
    A. 全勤   B. 缺勤 0～20%（有请假）
    C. 缺勤 0～20%（旷课）   D. 缺勤 20% 以上

(6) 总体印象评价。（　　　）
    A. 非常优秀   B. 比较优秀
    C. 有待改进   D. 急需改进

(7) 其他建议：

小组长签名：＿＿＿＿＿＿＿＿＿＿＿＿＿＿＿＿＿＿＿　　　　＿＿＿＿＿＿年＿＿＿＿＿月＿＿＿＿＿日

6. 教师总体评价

(1) 对该同学所在小组整体印象评价。（　　　）
    A. 组长负责，组内学习气氛好
    B. 组长能组织组员按要求完成学习任务，个别组员不能达到学习目标
    C. 组内有 30% 以上的学员不能达到学习目标
    D. 组内大部分学员不能达到学习目标

(2) 对该同学整体印象评价：
＿＿
＿＿
＿＿。

教师签名：＿＿＿＿＿＿＿＿＿＿＿＿＿＿＿＿＿＿＿　　　　＿＿＿＿＿＿年＿＿＿＿＿月＿＿＿＿＿日

附表：花冠轿车仪表板常见故障症状（表 6-5～表 6-8）

花冠轿车仪表板常见故障症状（照明）　　　　表 6-5

故障现象	故障可能发生部位
所有照明灯不亮	(1) 仪表板总成； (2) 线束或连接器
仅有一个照明灯不亮	仪表板总成

花冠轿车仪表板常见故障症状（警告灯）　　　　表 6-6

故障现象	故障可能发生部位
检查发动机警告灯不亮	(1) 线束或连接器； (2) 发动机 ECU； (3) 仪表板总成
制动警告灯不亮	(1) 线束或连接器； (2) ABS ECU； (3) 仪表板总成

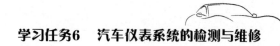

续上表

故障现象	故障可能发生部位
ABS 警告灯不亮	(1) 线束或连接器； (2) ABS ECU； (3) 仪表板总成
SRS 警告灯不亮	(1) 线束或连接器； (2) SRS ECU； (3) 仪表板总成
燃油液位警告灯不亮	(1) 线束或连接器； (2) 燃油液位传感器； (3) 仪表板总成
机油压力警告灯不亮	(1) 线束或连接器； (2) 油压过低警告开关； (3) 仪表板总成
门开机油压力警告灯不亮	(1) 线束或连接器； (2) 门控灯开关； (3) 仪表板总成

花冠轿车仪表板常见故障症状（指示灯）　　表 6-7

故障现象	故障可能发生部位
换挡指示灯不亮	(1) 线束或连接器； (2) 挡位开关； (3) 仪表板总成
转向指示灯不亮	(1) 线束或连接器； (2) 转向信号和危险警告系统； (3) 仪表板总成
远光指示灯不亮	(1) 线束或连接器； (2) 前照灯变光开关； (3) 仪表板总成
O/D OFF 指示灯不亮	(1) 线束或连接器； (2) O/D OFF 开关； (3) 发动机 ECU； (4) 仪表板总成

花冠轿车仪表板常见故障症状（仪表）　　表 6-8

故障现象	故障可能发生部位
转速表、燃油表和冷却液温度表不工作	(1) 线束或连接器； (2) 仪表熔断丝； (3) 仪表板总成
燃油表不工作或工作异常	(1) 线束或连接器； (2) 燃油液位传感器； (3) 仪表板总成

学习任务 7　汽车中控门锁与防盗系统的检测与维修

学习目标

完成本学习任务后，你应当能：
1. 叙述中控门锁和防盗系统的功能；
2. 分析中控门锁和防盗系统的结构和工作过程；
3. 识读中控门锁、防盗系统电路，查找相关资料，分析中控门锁与防盗系统故障的原因；
4. 实施计划，按专业要求独立或合作完成中控门锁与防盗系统的诊断、维修更换工作；
5. 注册钥匙、发射器的识别码；
6. 运用所学知识，合作制订实施其他防盗系统的故障诊断、维修计划。

建议完成本学习任务为 16 学时

内容结构

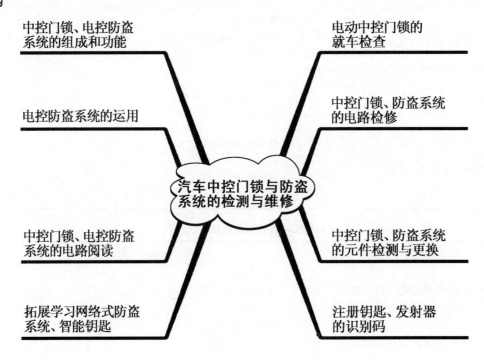

学习任务7　汽车中控门锁与防盗系统的检测与维修

　学习任务描述

请按专业水平对中控门锁与防盗系统进行检查，如有必要维修或更换中控门锁、防盗系统的元件、线路，解决系统的故障。

中控门锁和防盗系统是现代汽车的重要组成部分，促进汽车的使用更加方便和安全。中控门锁与防盗系统是既相互联系，又有区别的两个系统，防盗功能的实现依赖于中控门锁正常工作，安装有防盗系统的车辆可以极大地减少被盗的概率。

一、学习准备

　*1. 汽车的中控门锁的作用是增加汽车使用的方便性和安全性，一个运行良好的中控门锁应具备哪些功能？由哪些元件组成？

　小词典

汽车中控门锁：中央控制门锁系统的简称，是指一种通过设在驾驶室门上的开关可以同时控制车门关闭与开启的装置。

中控门锁主要由控制部分和执行机构组成，其中控制部分主要包括门锁开关和门锁控制继电器等，如图 7-1 所示。

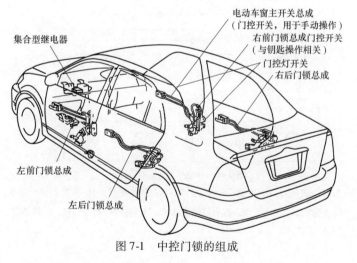

图 7-1　中控门锁的组成

1）门锁控制开关

门锁控制开关一般安装在驾驶人侧前门内的扶手上，通过门锁控制开关可以同时锁上和打开所有的车门。图 7-2 所示为某丰田轿车门锁控制开关的位置图。

2）钥匙控制开关

钥匙控制开关装在左前门和右前门的外侧锁上，如图 7-3 所示。当从车外用车门钥匙开门或锁门时，钥匙控制开关便发出开门或锁门信号给门锁控制 ECU，实现车门打开或锁止。

3）门控开关

门控开关用来检测车门开闭的情况。车门打开时，门控开关接通，门控灯和仪表板上门控警告灯点亮；车门关闭时，门控开关断开，门控灯和仪表板上门控警告灯熄灭。

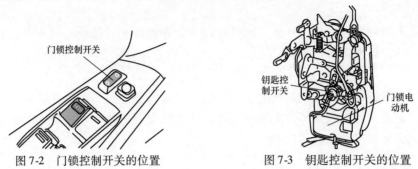

图7-2 门锁控制开关的位置　　　　图7-3 钥匙控制开关的位置

4）门锁执行器

中控门锁用电磁驱动方式执行门锁的关闭和开启。可通过直流电动机实现门锁的开启和关闭。直流电动机式执行器的连杆由可逆转的直流电动机驱动，利用电动机的正转和反转完成锁门和开门的动作，如图7-4所示。

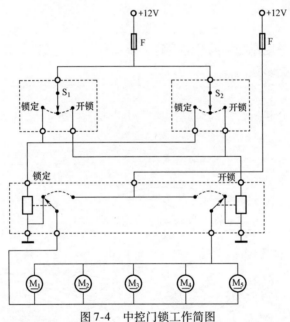

图7-4 中控门锁工作简图

S_1-左前门锁开关；S_2-右前门锁开关；M_1-尾门锁电动机；M_2-左后门锁电动机；
M_3-左前门锁电动机；M_4-右前门锁电动机；M_5-右后门锁电动机；F-熔断器

锁门动作：

开门动作：

根据所学知识，请你回答汽车上有哪些电气设备的工作过程是利用电动机的正转、反转实现的？

5）门锁连杆操纵机构

门锁连杆操纵机构如图 7-5 所示，当门锁电动机（或其他执行器）运转时，通过门锁连杆操纵门锁锁止或开启。

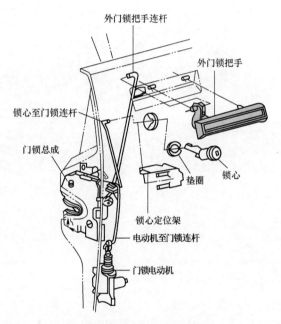

图 7-5　门锁连杆操纵机构

汽车装备中控门锁后可以实现下列功能：

（1）中央控制。当驾驶人锁住车门时，其他车门同时锁住，驾驶人也可通过门锁控制开关打开所有门锁。

（2）单独控制。除中央控制外，乘员仍可利用车门的机械式弹簧锁开关车门。

（3）钥匙占有预防功能。如果执行了锁门操作，而钥匙仍然插在点火开关内，则所有的车门会自动打开。

此外，部分车型还具有速度控制功能、自动功能等。

遥控中控门锁系统又称为无钥匙进入系统。它的作用是给门锁系统增加一个遥控开关，通过操作无线遥控装置实现车门的开闭，为驾驶人提供一个方便手段。遥控中控门锁系统是在普通中控门锁系统的基础上增加遥控器（图 7-6）、接收器等部件。目前常用的是无线电波式遥控器，主要由输出部分、控制电路、身份代码存储器、开关按钮和电池等组成。组合型遥控器的发射天线由钥匙板兼任。身份代码存储器中存储的身份代码通过输出部分经由发射天线发射出去。

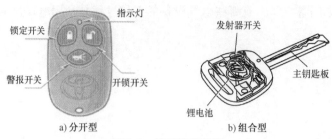

图 7-6 持遥控发射器

锁控接收器对接收的信号进行放大和调制后,发送给防盗 ECU,防盗 ECU 检查身份鉴定代码是否相符,当代码一致时,驱动相应的执行器。锁控接收器的安装位置如图 7-7 所示。

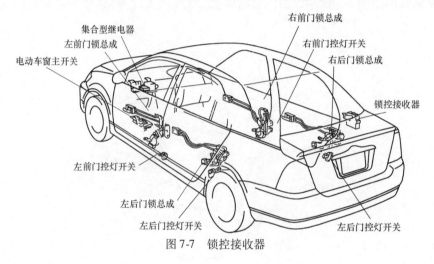

图 7-7 锁控接收器

> 小提示
>
> 部分花冠车型将锁控接收器和防盗 ECU 集成在一起。

*2. 防盗装置有哪些类型,每种防盗系统各有什么特点?

汽车防盗装置有机械式防盗(图 7-8)、电子控制式防盗、网络式防盗等形式。

机械式防盗装置有转向盘锁、轮胎锁等类型。这些类型的防盗装置特点是价格便宜,安装简便;缺点是防盗不彻底,拆装麻烦,且只能防盗不能报警。

a) 转向盘锁　　　　　　　b) 轮胎锁

图 7-8 机械式防盗装置

学习任务7 汽车中控门锁与防盗系统的检测与维修

电控防盗系统一般由防盗 ECU、感应传感器、门控开关、报警装置和遥控器等组成。
试分析说明电控防盗系统各组成部件的作用。

不同的电控防盗系统能够实现的功能是不同的。根据防盗系统是否具备锁止发动机的功能可分为：普通车身中控防盗报警系统、电子止动防盗系统，后者又习惯称为发动机防盗系统。
电控防盗系统与中控门锁有什么关联？发动机防盗系统怎样实现防盗功能的？

学习拓展

> 网络式防盗系统利用 GPS 卫星定位系统对汽车进行监控，以达到防盗的目的。该防盗装置不但可以锁定汽车起动和点火，还可以通过 GPS 卫星定位系统将报警信息和报警汽车所在的位置传送到报警中心，一改传统防盗装置孤立无助的被动式服务，能为车主提供全方位的主动式服务，是目前其他类型的防盗装置所不能比拟的。
> 网络式防盗装置通过 GSM（或 CDMA）进行无线传输 GPS 防盗装置，由车载设备、公网设备（通信部分）、接警控制或监控中心组成。
> GPS 网络式防盗系统利用遥控技术、电子地理信息系统、计算机识别与控制技术、全球卫星定位系统等高新技术，在城市及周边地区织起一张防盗网。只要车辆被盗，指挥中心能在几秒内从计算机中获取车号、车速、汽车行驶路线等信息，并实施跟踪等相应的追捕措施。

*3. 防盗系统用于防止任何形式的非法进入，充分了解防盗系统的运用是必要的。如何正确使用车辆的电控防盗系统？

1) 防盗系统的设定
（1）将点火钥匙转至"LOCK"位置后取出。
（2）驾乘人员全部下车。
（3）关闭并锁定所有车门、行李舱盖及发动机罩。

完成这三个步骤后,安全指示灯发亮(不闪烁)。防盗系统在设定前有 30s 的检查时间,若此过程中有任一道门开启或用钥匙或遥控器开启某道前门,防盗功能将被解除。

(4) 当安全指示灯开始闪烁时,说明防盗系统已经启动。

防盗系统安全指示灯有以下三种情况:

① 指示灯闪烁。说明防盗系统已经设定,报警装置进入预警状态。此时若开启车门、行李舱盖必须使用点火钥匙。

② 指示灯常亮。防盗系统进入预定的自动设定时期。

③ 指示灯熄灭。防盗系统不起作用,可按常规操作开启任何一道车门。

防盗系统设定后,如未用主钥匙开启任何一道车门、行李舱盖、发动机罩,或拆卸蓄电池极桩后又重新安装,将激发出声响警报,并且防起动功能开始作用。

2) 防盗系统的解除

通常可以用以下任一方式解除防盗系统,如图 7-9 所示。

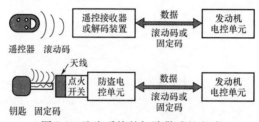

图 7-9 防盗系统的解除警戒的方式

 小提示

部分花冠车型防盗(TVSS)系统的解除略有不同,当使用遥控器设置防盗系统后,只能使用遥控器解除防盗系统。

为防止遥控器被盗贼复制,现代车辆的遥控器和接收器通常发射和接收滚动码,即每次完成防盗系统的解锁动作后,遥控器和接收器会同步更新识别码。

二、计划与实施

 *4. 一辆花冠车进厂修理。据车主反映使用钥匙或门锁控制开关开锁、锁止,门锁无法开锁、锁止。请你参照相应的维修资料,制订维修计划,排除这一故障,并做好相应记录。

1) 花冠车型电动门锁的就车检查

(1) 电动门锁的基本检查。

① 将门控开关转至锁止侧时,检查所有门是否锁止;将门控开关转至开锁侧时,检查所有门是否开锁。　　　　　　　　　　　　　　　　　　　　　　　　　　　　　□是　　□否

② 用钥匙从车外锁止车门时,检查所有门是否锁止;用钥匙从车外开锁时,检查所有门是否开锁。　　　　　　　　　　　　　　　　　　　　　　　　　　　　　　　　□是　　□否

(2) 检查钥匙封闭防护功能。

学习任务7　汽车中控门锁与防盗系统的检测与维修

> **小提示**
> 钥匙封闭防护功能的检查应在驾驶人车窗打开的情况下进行，以防止点火钥匙被封闭。

① 将点火钥匙插入点火开关的钥匙孔。　　　　　　　　　　　　　　　□任务完成

② 打开驾驶人侧门，将驾驶人侧门的锁止手柄转至锁止侧后，检查驾驶人侧门是否立即自动开锁。　　　　　　　　　　　　　　　　　　　　　　　　□是　　□否

③ 将门控开关转至锁止侧时，检查驾驶人侧门是否立即自动开锁。　　□是　　□否

（3）检查安全功能。

① 关闭所有门，打开驾驶人侧车窗，以便门控开关的操作可从车外完成。□任务完成

② 拔出点火钥匙，在车外不用钥匙锁止门。在该条件下，通过车外的门控开关不能将门开锁。　　　　　　　　　　　　　　　　　　　　　　　　　　　□任务完成

③ 拔出点火钥匙，在车外使用钥匙锁止门。在该条件下，通过车外的门控开关不能将门开锁。　　　　　　　　　　　　　　　　　　　　　　　　　　　□任务完成

④ 拔出点火钥匙，在车外使用无线遥控器锁止门。在该条件下，通过车外的门控开关不能将门开锁。　　　　　　　　　　　　　　　　　　　　　　　　□任务完成

通过对电动门锁的就车检查，请记录你发现的故障现象。

2）花冠车型电动门锁电路分析和计划制订

图7-10所示为花冠车型门锁控制的电路图，参照图7-4中控门锁的电路原理图，分析花冠车型门锁控制的工作过程。

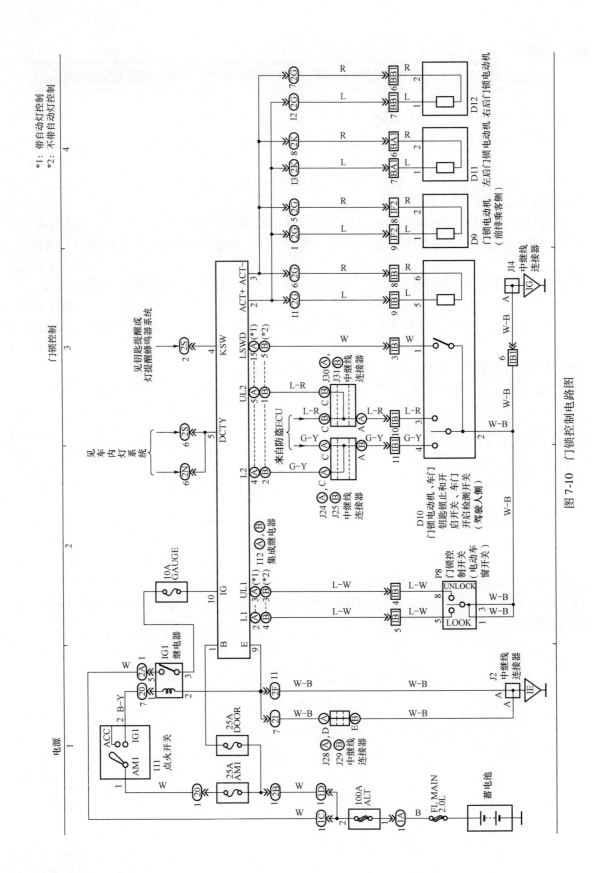

图 7-10 门锁控制电路图

学习任务7　汽车中控门锁与防盗系统的检测与维修

> 小提示
>
> 图示的电路图适用于右侧驾驶型，如被测车辆是左侧驾驶型则电路检测稍有不同，遇有检测过程不同时会特别指明。

(1) 使用门锁控制开关控制的门锁锁止电路。

蓄电池正极→集成继电器 I12 ACT +→ $\begin{cases} 11\ \boxed{2G}→_____→D10\ 的\ 5\ 引脚→ \\ 1\ \boxed{2G}→_____→D9\ 的\ 1\ 引脚→ \\ 13\ \boxed{2K}→_____→D11\ 的\ 1\ 引脚→ \\ 12\ \boxed{2G}→_____→D12\ 的\ 1\ 引脚→ \end{cases}$

驾驶人侧门锁电动机→D10 的 6 引脚→_____→6 $\boxed{2G}$
前排乘客侧门锁电动机→D9 的 2 引脚→_____→5 $\boxed{2G}$
左后门锁电动机→D11 的 2 引脚→_____→8 $\boxed{2K}$ →集成继电器 I12 ACT→集成继电器 I12 L1
右后门锁电动机→D12 的 2 引脚→_____→7 $\boxed{2G}$
→_____→P8 的 5 引脚→P8 的 1、3 引脚→_____→J14 中继线连接器→IG 位置搭铁。

(2) 使用门锁控制开关控制的门锁开锁电路。

蓄电池正极→集成继电器 I12 ACT −→ $\begin{cases} 6\ \boxed{2G}→_____→D10\ 的\ 6\ 引脚→ \\ 5\ \boxed{2G}→_____→D9\ 的\ 2\ 引脚→ \\ 8\ \boxed{2K}→_____→D11\ 的\ 2\ 引脚→ \\ 7\ \boxed{2G}→_____→D12\ 的\ 2\ 引脚→ \end{cases}$

驾驶人侧门锁电动机→D10 的 5 引脚→_____→11 $\boxed{2G}$
前排乘客侧门锁电动机→D9 的 1 引脚→_____→1 $\boxed{2G}$
左后门锁电动机→D11 的 1 引脚→_____→13 $\boxed{2K}$ →集成继电器 I12 ACT +→集成继电器 I12
右后门锁电动机→D12 的 1 引脚→_____→12 $\boxed{2G}$
UL1→_____→P8 的 8 引脚→P8 的 1、3 引脚→_____→J14 中继线连接器→IG 位置搭铁。

(3) 使用钥匙锁止和开锁的电路。
参考门锁控制开关的电路，写出使用钥匙锁止和开锁的电路。

钥匙锁止门锁电路：

钥匙开启门锁电路：

当出现使用钥匙或门锁控制开关开锁、锁止，门锁无法开锁、锁止的故障时，可能是由于以下_____造成的。

A. 电动车窗主开关损坏　　B. 集合型继电器损坏　　C. 门锁控制电路故障
D. 驾驶人门锁总成损坏　　E. DOOR 25A 熔断丝

请根据你的分析结论制订相应的故障检修计划：

3）花冠车型电动门锁元件检测

（1）检查集合型继电器。

集合型继电器的安装位置如图 7-11 所示。不带自动灯控制系统的集合型继电器如图 7-12 所示。

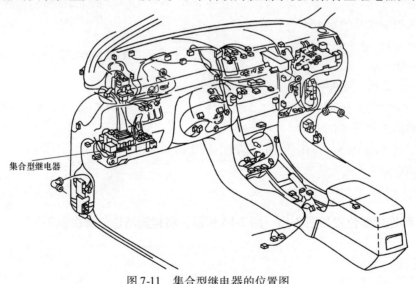

图 7-11　集合型继电器的位置图

 小提示

下列检测步骤适用于不带自动灯控制系统的车型。
　　集合型继电器位于仪表板接线盒的背面，需要拆卸黑色的仪表板接线盒盖才能检测集合型继电器。

学习任务7　汽车中控门锁与防盗系统的检测与维修

图 7-12　不带自动灯控制系统的集合型继电器

① 断开集合型继电器连接器，检查线束侧连接器各端子的导通性，将检测结论记录在表 7-1 中。

检查线束侧连接器端子的导通性　　　　　　　　　　　　表 7-1

测试仪连接	条　件	检测标准	检测结论
4-搭铁	门控开关 OFF→LOCK	不导通→是	
3-搭铁	门控开关 OFF→UNLOCK	不导通→是	
2-搭铁	使用钥匙锁止→其他	导通→否	
1-搭铁	使用钥匙开锁→其他	导通→否	

断开仪表板接线盒总成的连接器 F、G、H、K，检查车辆连接器各端子的导通性。仪表板接线盒的安装位置及内部连接器位置如图 7-13、图 7-14 所示。将检测结论记录在表 7-2 中。

检查车辆连接器端子的导通性　　　　　　　　　　　　表 7-2

测试仪连接	条　件	检测标准	检测结论
2H1（等同 2S2）-搭铁	无钥匙在点火开关钥匙孔→是	不导通→是	
2F1-搭铁	恒定	导通	
2H7（等同 2S6）-搭铁	驾驶人门完全关闭→其他	导通→否	

② 连接集合型继电器连接器，检查各端子的电压，将检测结论记录在表 7-3 中。

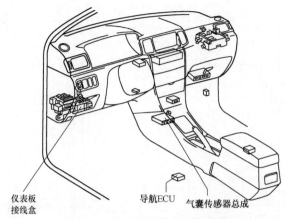

图 7-13　仪表板接线盒的位置图

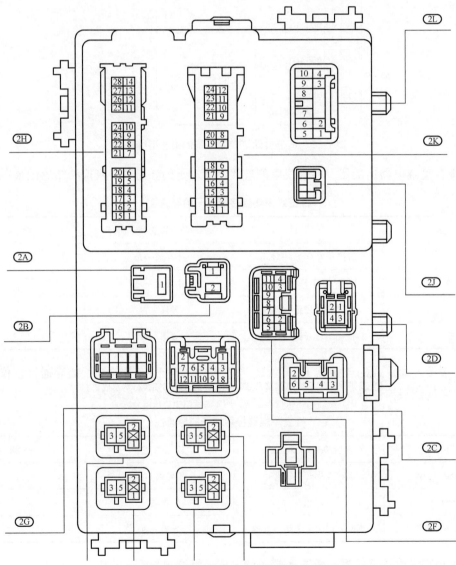

图 7-14　仪表板接线盒内连接器的位置图

学习任务7　汽车中控门锁与防盗系统的检测与维修

连接器端子的电压测试　　　　　　表 7-3

测试仪连接	条　件	检测标准	检 测 结 论
2H1（等同 2S2）-搭铁	无钥匙在点火开关钥匙孔→是	10～14V→0V	
2G11-搭铁			
2G1-搭铁	在驾驶人门锁芯中插入钥匙→LOCK	0V→10～14V→1V 或更小	
2K13-搭铁			
2G12-搭铁			
2G6-搭铁			
2G5-搭铁	在驾驶人门锁芯中插入钥匙→UNLOCK	0V→10～14V→1V 或更小	
2K8-搭铁			
2G7-搭铁			

如检查值不符合要求，说明集合型继电器已经损坏。请你根据检测结论，判断集合型继电器是否需要更换。

（2）检测门锁执行器总成(带无线门锁)。

各门锁执行器总成的安装位置如图 7-15 所示。

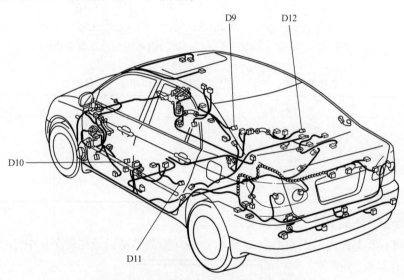

图 7-15　各门锁执行器总成的安装位置
D9-前排乘客侧门锁执行器总成；D10-驾驶人侧门锁执行器总成；
D11-左后门锁执行器总成；D12-右后门锁执行器总成

① 检测前门锁执行器总成，如图 7-16 所示，将检测结论记录在表 7-4 中。

图 7-16　门钥匙锁止和开锁开关

门钥匙锁止和开锁开关导通性　　　　　　　　　　　表7-4

开关位置	测试仪连接	条件	检测结论
锁止	4-2（左侧驾驶型为3-5）	导通	
	蓄电池正极-5（左侧驾驶型为1）		
	蓄电池负极-6（左侧驾驶型为2）		
开锁	3-2（左侧驾驶型为4-5）	导通	
	蓄电池正极-6（左侧驾驶型为2）		
	蓄电池负极-5（左侧驾驶型为1）		

② 检测前排乘客侧锁执行器总成，左后、右后门锁执行器总成，如图7-17所示，将检测结论记录在表7-5中。

图7-17　前排乘客侧、左后、右后门钥匙锁止和开锁开关

前排乘客侧、左后、右后门钥匙锁止和开锁开关导通性　　　　　　　　表7-5

开关位置	测试仪连接	条件	检测结论
锁止	蓄电池正极-端子1 蓄电池负极-端子2	导通	
开锁	蓄电池正极-端子2 蓄电池负极-端子1	导通	

（3）检查电动窗升降调节器主开关总成。

电动窗升降调节器主开关总成如图7-18所示，将其检测结论记录在表7-6中。

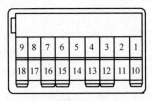

图7-18　电动窗升降调节器主开关总成

电动窗升降调节器主开关的导通性　　　　　　　　　　表7-6

开关位置	测试仪连接	条件	检测结论
锁止	5-1 或 5-3	导通	
开锁	8-1 或 8-3	导通	

如检测结果不符合要求，说明电动车窗主开关损坏。

学习任务7　汽车中控门锁与防盗系统的检测与维修

（4）检查门锁控制电路。

检查步骤请参照电路原理图、布线图执行。

完成元件和电路检测后，请你将检测结论填写在表7-7中，并确定需要更换的元件。

花冠车型车门无法锁止和开锁故障诊断表　　　　　　　　　　　　　　　　　表7-7

元件/线路	电动车窗主开关	集合型继电器	门锁执行器总成	门锁控制线路
故障部位				

4）花冠车型电动门锁元件更换

如有需要，请参考相应的维修资料，完成电动车窗主开关、门锁执行器总成、集合型继电器、门锁控制线路的更换。

*5. 当防盗（TVSS）系统不能正常工作时，可能需要检查遥控器、防盗ECU和其相关的线路等。依据图7-19所示的检测流程并参考维修手册，完成防盗（TVSS）系统的检测并做相应的记录。

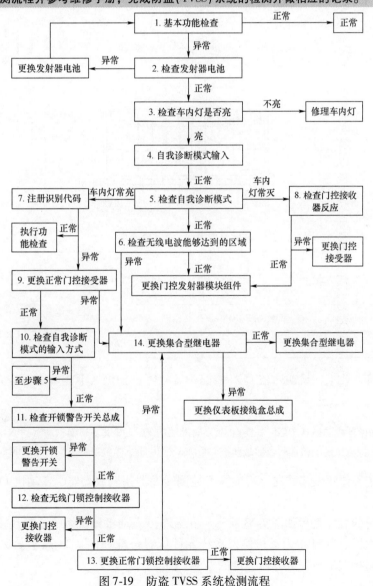

图7-19　防盗TVSS系统检测流程

防盗 ECU 的安装位置如图 7-20 所示。参考图 7-21、图 7-22 完成防盗 ECU 和相关线路的检测,将检测结论记录在表 7-8 中。

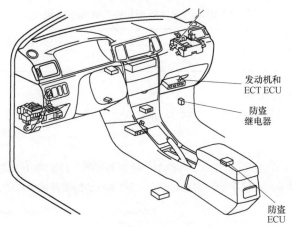

图 7-20　防盗 ECU 的安装位置

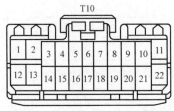

图 7-21　防盗 ECU 线束侧连接器

检查防盗 ECU 连接器端子　　　　　　表 7-8

测试仪连接	条　件	检测标准	检测结论
1-搭铁	恒定	10～14V	
15-搭铁	点火开关 OFF→ON	0 V→10～14V	
22-搭铁	恒定	导通	

如果检测结论符合要求,说明防盗 ECU 线路没有故障,如仍然不能解决防盗系统的故障,则需更换防盗 ECU。

 *6. 花冠车在设置成防盗状态后,如防盗 ECU 向发动机 ECM 提供了车辆被非法进入的相关信息,则发动机停机系统将阻止发动机运转以实现防盗的要求。当发动机停机系统不能正常工作时,如何检测?

发动机停机系统不能正常工作时,可能需要检测转发器钥匙放大器、发动机 ECU(简称 ECM)及相关线路等。

发动机停机系统的故障流程如图 7-23 所示。花冠车型发动机停机系统诊断故障码见表 7-9。

转发器钥匙放大器、ECM 等发动机停机系统元件位置分配如图 7-24 所示。参考图 7-25 发动机停机系统电路图,查阅相关资料完成相应元件的检测。

学习任务7 汽车中控门锁与防盗系统的检测与维修

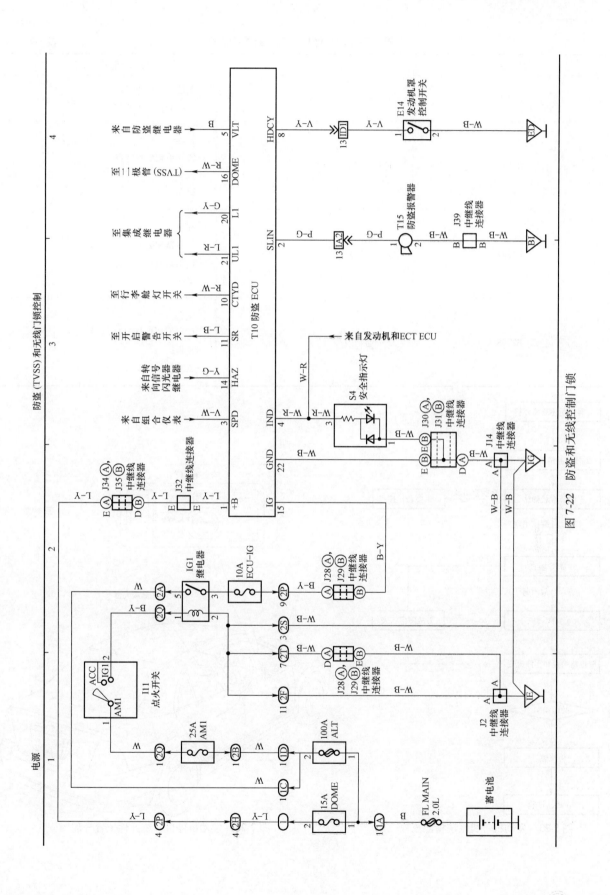

图 7-22 防盗和无线控制门锁

花冠车型发动机停机系统诊断故障码表　　　　　　　　表 7-9

DTC 号	DTC 检测条件	故障可能发生部位
B2795	钥匙码不匹配	钥匙 以前插入过未登记钥匙
B2796	停机系统内无通信	钥匙 转发器钥匙放大器 线束 ECM
B2797	1 号通信故障	线束 应答器钥匙放大器 以前插入过未登记钥匙 ECM
B2798	2 号通信故障	钥匙 应答器钥匙放大器 线束 ECM

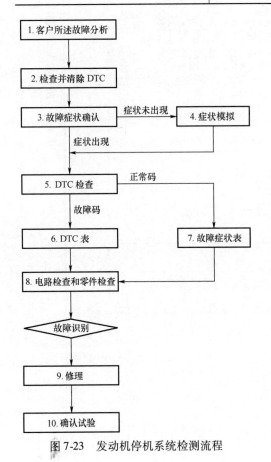

图 7-23　发动机停机系统检测流程　　　　图 7-24　发动机停机系统元件位置分配图

学习任务7 汽车中控门锁与防盗系统的检测与维修

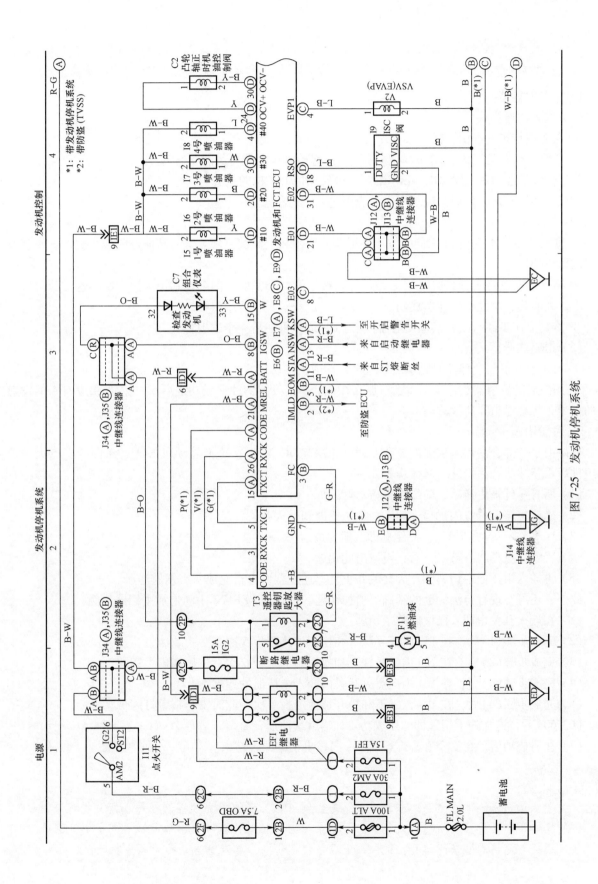

图 7-25 发动机停机系统

*7. 当更换门控接收器(或防盗 ECU)和发射器时，新更换的电子元件需要注册识别码后才能正常使用，而丢失钥匙或更换发动机停机系统 ECU 后，则需注册钥匙，如何完成发射器和钥匙的识别码注册？

1) 注册发射器

(1) 进入注册模式。

① 在解锁状态下将钥匙插入点火开关。

② 任何一扇车门在 5s 内作开→关→开→关(起始时车门保持关闭状态)。

③ 点火开关在 10s 内作 ON→LOCK5 次(最后保持 LOCK 的状态)。

完成上述操作后，转向灯闪烁一次，表明进入注册状态。

(2) 注册发射器。

① 进入注册状态后在 5s 内同时按下发射器的解锁和上锁键一次。这时转向灯闪烁 2 次，表明该发射器注册成功。

② 第一个发射器注册成功后 5s 之内，同时按下第二个发射器的解锁和上锁键一次。这时转向灯闪烁 2 次，表明第二个发射器注册成功。

③ 重复上述步骤，注册其他发射器(花冠 EX 最多可注册 4 个发射器)。

(3) 退出注册模式。

① 当 4 个发射器全部注册完毕之后，将自动退出注册模式。

② 如注册的发射器数量少于 4 个，那么在最后一个发射器注册成功之后 5s 之内如果没有新的发射器的信号，将会退出注册模式。

2) 注册钥匙

如果由于全部合法钥匙丢失而导致发动机无法起动，则需在更换发动机 ECU、车门锁、点火开关等组件后重新注册合法钥匙。具体步骤如下：

(1) 所有零件被更换后，防盗报警指示灯闪烁。

(2) 确认报警指示灯闪烁后，插入一把主钥匙到点火开关。

(3) 1s 左右，警告灯熄灭。此钥匙即注册完成。

(4) 警告灯点亮状态被确认后，再拔出此钥匙。

(5) 再插入第 2 把主钥匙到点火开关并重复上述步骤，直至完成所有钥匙注册。

此外，还可在现有合法钥匙的基础上追加钥匙。以花冠 ZZE122 手动追加主钥匙为例：

(1) 在点火开关中插入已注册的主钥匙。

(2) 完成步骤(1)后，在 15s 内反复踩下和松开加速踏板 5 次。

(3) 完成步骤(2)后，在 20s 内反复踩下和松开制动踏板 6 次，然后拔出主钥匙。

(4) 完成步骤(3)后，在 10s 内向点火开关内插入未注册的钥匙。

(5) 完成步骤(4)后，在 10s 内踩下和松开加速踏板 1 次，此时安全报警灯闪烁。

(6) 60s 后，追加的主钥匙即注册成功。如需继续注册，重复步骤(4)~(6)。

(7) 注册成功后，在安全警告灯熄灭 10s 内拔出钥匙即告结束。

学习拓展

智能钥匙系统也称无钥匙进入系统，是由发射器、遥控中央锁控制模块、驾驶授权系统控制模块 3 个接收器及相关线束组成的控制系统组成。遥控器和发射器集成在车钥匙上，车辆可根据智能钥匙发来的信号，进入锁止或不锁止状态，甚至可自动关闭车窗和天窗。

智能钥匙系统包含自动解锁、智能点火和识别车主3个基本功能。部分品牌车型还具备锁车后自动关闭车窗的功能。

1. 自动解锁

通过车主随身携带的智能卡里的芯片感应自动开关门锁。当车主靠近汽车时，钥匙和汽车便开始通过无线电波交换已设定好的指令信息。随即汽车的关闭系统和安全系统以及发动机的控制系统全部被激活。也就是说当您走近车辆一定距离时（一般是1m）门锁会自动打开并解除防盗；当您离开车辆时，门锁会自动锁上并进入防盗状态。

2. 智能点火

智能钥匙的作用就是使发动机识别操作者是否为车主，并进入随时起动前的待机状态。当需要起动发动机时，只要智能钥匙在可以被检测到的区域内，驾驶人即可按下起动按钮（图7-26）或者扭动旋转按钮起动发动机了。整个过程，车钥匙无须拿出。

图7-26　仪表板上的起动按钮

3. 识别车主

每个智能钥匙都有唯一的ID码与车辆ID码对应。即使简单复制了钥匙，没有ID码也不能起动车辆。只有当车主进入车内时，车内的检测系统会马上识别您的智能卡，经过确认后车内的电脑才会进入工作状态，这时只需轻轻按动车内的起动按钮（或者是旋钮），就可以正常起动车辆了。

配备智能钥匙系统会增加车辆的使用成本。此外，因钥匙遗失需要重配时的成本也不低。智能钥匙一般都包括电子钥匙和机械钥匙，当电子钥匙因故障无法使用时，用户也可以使用原始机械方式起动汽车，一旦丢失了整把智能钥匙（包括电子钥匙和机械钥匙），则需要重配新的电子钥匙，而且剩下的另一把备用钥匙也将失效。

三、评价反馈

1. 学习自测题

（1）普通中控门锁应具备(　　)。
　　A. 中央控制　　　　B. 单独控制　　　　C. 钥匙占有预防　　　　D. 速度控制

（2）可通过电动机正反转实现。(　　)
　　A. 中控门锁　　　　B. 电动后视镜　　　　C. 电动车窗　　　　D. 电动刮水器

（3）电控防盗系统可通过阻止发动机起动的方式实现车辆的防盗。(　　)
　　A. 正确　　　　B. 错误

（4）设置防盗系统后，如果防盗指示灯点亮说明车辆已进入防盗状态。(　　)
　　A. 正确　　　　B. 错误

（5）机械式防盗结构简单，可作为电控防盗系统的辅助防盗措施，也可单独承担防盗功能。（   ）

    A. 正确   B. 错误

2. 维修信息获取练习

小组合作，查阅维修手册，制订其他车型（如别克凯越）防盗系统的检修计划，并简要说明步骤。

3. 学习目标达到程度的自我检查（表7-10）

自我检查表　　　　　　　　　　　　　　　　　　　　　　　　表7-10

序号	学习目标	达到情况（在相应的选项后打"√"）		
		能	不能	如果不能，是什么原因
1	叙述中控门锁和防盗系统的功能			
2	分析中控门锁和防盗系统的结构和工作过程			
3	识读中控门锁、防盗系统电路，查找相关资料，分析中控门锁与防盗系统故障的原因			
4	实施计划，按专业要求独立或合作完成中控门锁与防盗系统的诊断、维修更换工作			
5	注册钥匙、发射器的识别码			
6	运用所学知识，合作制订实施其他防盗系统的故障诊断、维修计划			

4. 日常表现性评价（由小组长或者组内成员评价）

（1）工作页填写情况。（   ）

    A. 填写完整   B. 缺失 0~20%   C. 缺失 20%~40%   D. 缺失 40%以上

（2）工作着装是否规范？（   ）

    A. 穿着校服（工作服），佩戴胸卡   B. 校服或胸卡缺失一项

    C. 偶尔会既不穿校服又不戴胸卡   D. 始终未穿校服、佩戴胸卡

（3）能否主动参与工作现场的清洁和整理工作？（   ）

    A. 积极主动参与5S工作   B. 在组长的要求下能参与5S工作

    C. 在组长的要求下能参与5S工作，但效果差   D. 不愿意参与5S工作

（4）升降汽车举升器或起动发动机时，有无进行安全检查并警示其他同学？（   ）

    A. 有安全检查和警示   B. 有安全检查无警示

    C. 无安全检查，有警示   D. 无安全检查，无警示

（5）是否达到全勤？（   ）

    A. 全勤   B. 缺勤 0~20%（有请假）

　　　　C. 缺勤 0~20%（旷课）　　　　　　　　D. 缺勤 20% 以上
（6）总体印象评价。
　　　　A. 非常优秀　　　　B. 比较优秀　　　　C. 有待改进　　　　D. 急需改进
（7）其他建议：

小组长签名：_____　　　　　　　_____年_____月_____日

5. 教师总体评价

（1）对该同学所在小组整体印象评价。(　　)

　　　　A. 组长负责，组内学习气氛好

　　　　B. 组长能组织组员按要求完成学习任务，个别组员不能达到学习目标

　　　　C. 组内有 30% 以上的学员不能达到学习目标

　　　　D. 组内大部分学员不能达到学习目标

（2）对该同学整体印象评价：
_____
_____
_____。

教师签名：_____　　　　　　　_____年_____月_____日

附 件

附件 1　　　　附　图

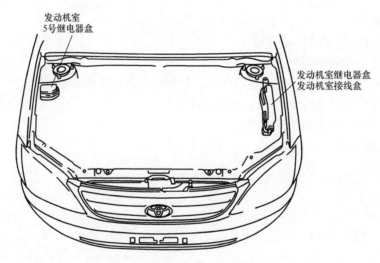

附图 1　发动机室继电器盒位置图

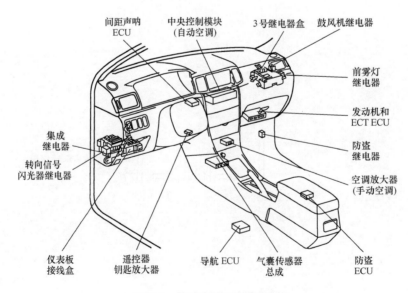

附图 2　驾驶室继电器位置图

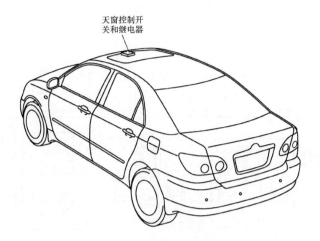

附图3 车身继电器位置图

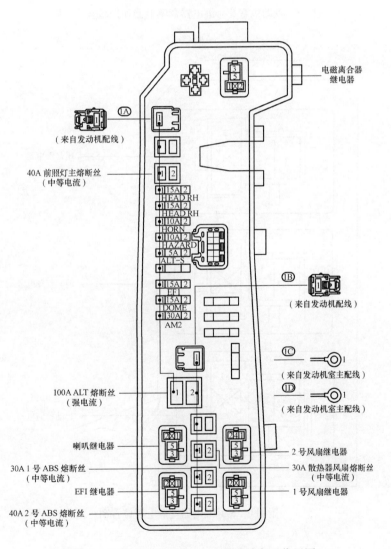

附图4 发动机室继电器盒继电器和熔断丝位置图

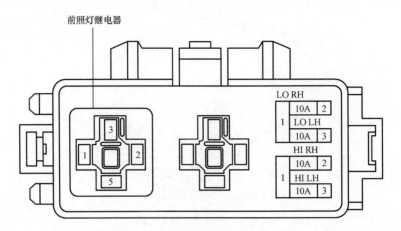

附图5　发动机室5号继电器盒继电器和保险丝位置图

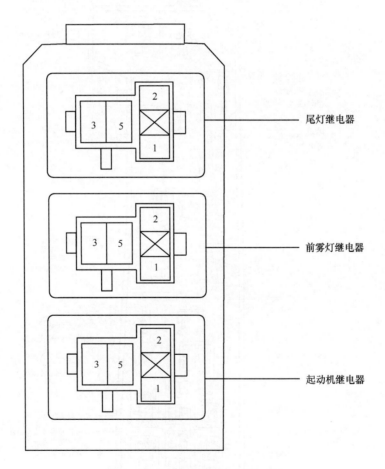

附图6　3号继电器盒继电器位置图

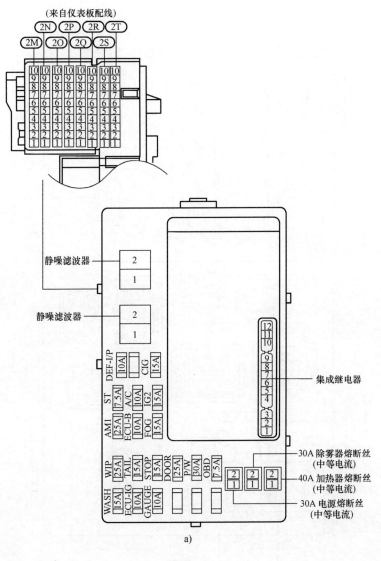

附图 7

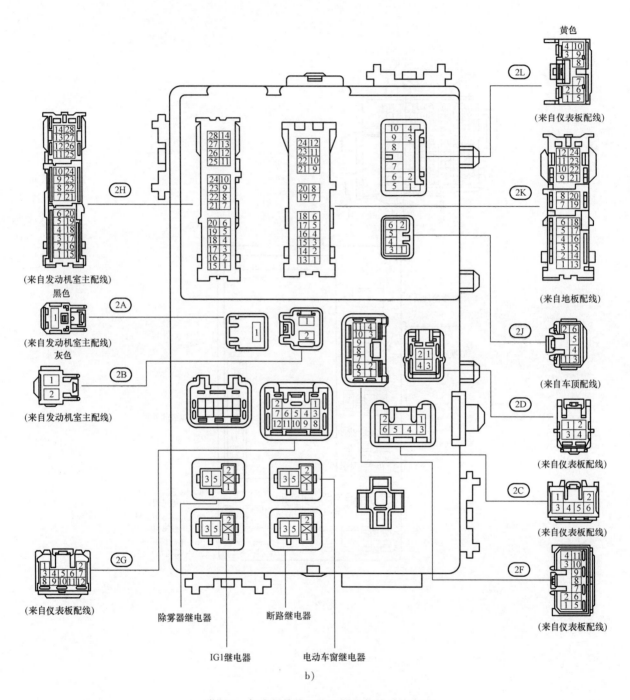

附图7 仪表板接线盒继电器和保险丝位置图

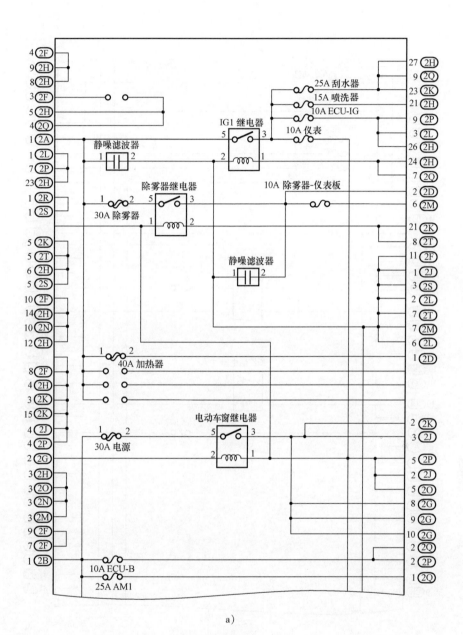

a)

附图 8

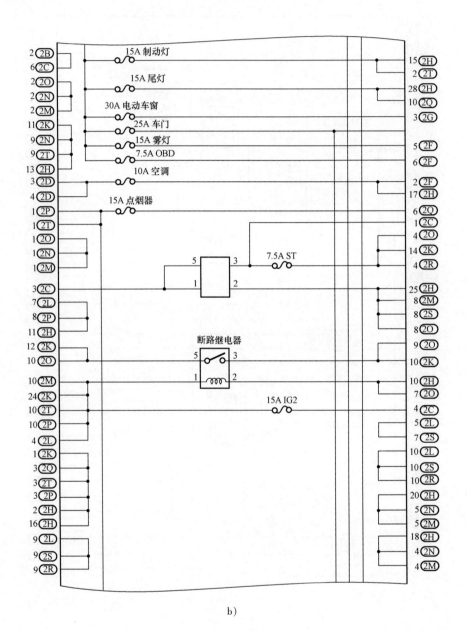

b)

附图 8

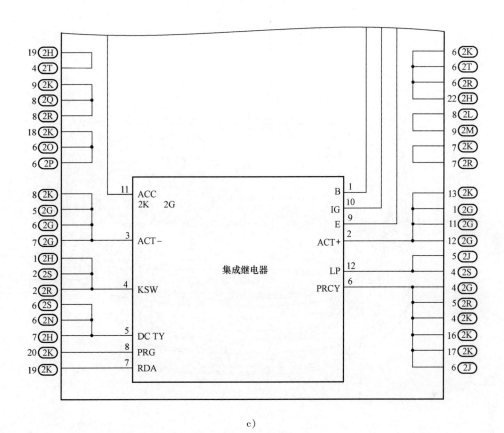

附图 8 仪表板接线盒内部电路图

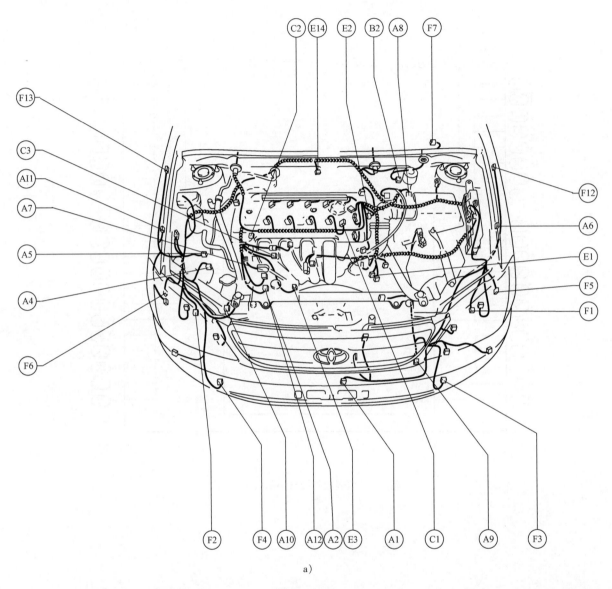

A1-空调环境温度传感器；A2-空调电磁离合器；A4-空调三重压力开关(空调双重和单重压力开关)；A5-ABS调节器和ECU；A6-左前轮转速传感器；A7-右前轮转速传感器；A8-空气流量计；A9-左前气囊传感器；A10-右前气囊传感器；A11、12-交流发电机；B2-制动液液位警告开关；C1-凸轮轴位置传感器；C2-凸轮轴正时机油控制阀；C3-曲轴位置传感器；E1-ECT电磁圈；E2-EFI水温传感器；E3-发动机油压开关；E14-发动机室罩盖灯控开关；F1-左前示宽灯；F2-右前示宽灯；F3-左前雾灯；F4-右前雾灯；F5-左前转向信号灯；F6-右前转向信号灯；F7-前刮水器电动机；F12-左前侧转向信号灯；F13-右前侧转向信号灯

附图 9

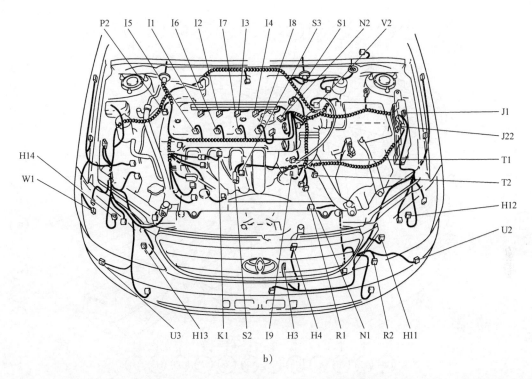

b)

H3-喇叭(高); H4-喇叭(低); H11-左前照灯(远光); H12-左前照灯(近光); H13-右前照灯(远光); H14-右前照灯(近光); I1-1号点火线圈和点火器; I2-2号点火线圈和点火器; I3-3号点火线圈和点火器; I4-4号点火线圈和点火器; I5-1号喷油器; I6-2号喷油器; I7-3号喷油器; I8-4号喷油器; I9-ISC阀; J1、J22-中继接线器; K1-爆震传感器; N1-空挡启动开关; N2-静噪滤波器(点火); P2-动力转向油压开关; R1-散热器风扇电动机; R2-散热器风扇电阻器; S1-车速传感器(组合仪表); S2、S3-启动机; T1-节气门位置传感器; T2-涡轮速度传感器; U2-超声波传感器(左前侧); U3-超声波传感器(右前侧); V2-VSV(EVAP); W1-喷洗器电动机

附图9 发动机室部件位置图

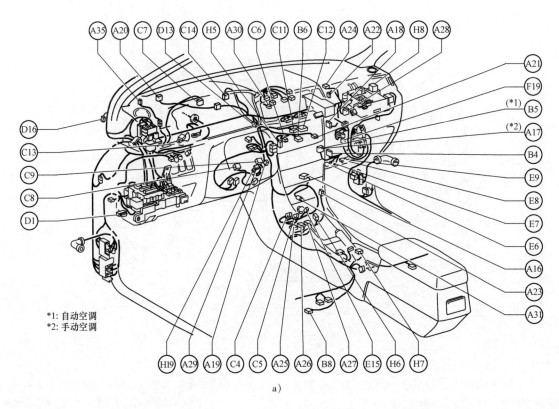

*1：自动空调
*2：手动空调

a)

A16-空调放大器；A17-空调鼓风机电动机线性控制器；A18-空调蒸发器温度传感器；A19-空调车内温度传感器；A20-空调日光传感器；A21-空调开关；A22-进气口风挡控制伺服电动机；A23-空气混合风挡控制伺服电动机；A24-出风口风挡控制伺服电动机；A25~A27-气囊传感器总成；A28-气囊发火管（前排乘客侧气囊总成）；A29-气囊发火管（转向盘衬垫）；A30-天线放大器；A31-烟灰盒照明；A35-自动灯控制传感器；B4-鼓风机电动机；B5-鼓风机电阻器；B6-鼓风机开关；B8-插扣开关（驾驶员侧）；C4-点烟器；C5-点烟器照明；C6-时钟；C7、C14-组合仪表；C8、C9-组合开关；C11、C12-中央控制模块；C13-间隙声呐ECU；D1-DLC3；D13-二极管（前排乘客侧门控灯）；D16-二极管（TVSS）；E6~E9-发动机和ECT ECU；E15-ECT模式选择开关；H5-应急开关；H6-加热型氧传感器（1列1号传感器）；H7-加热型氧传感器（2列1号传感器）；H8-加热器继电器；H9-喇叭开关

附图 10

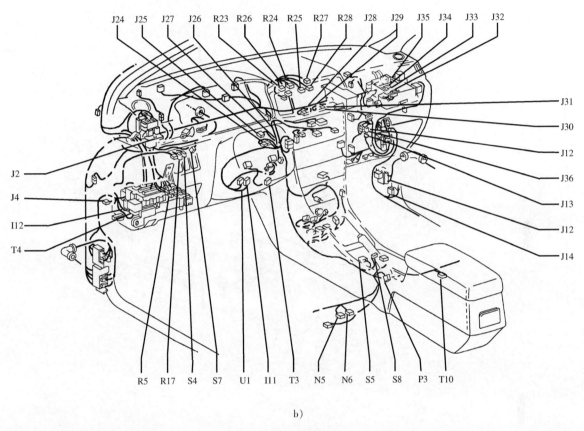

b)

I11-点火开关；I12-集成继电器；J2、J4、J12～J14、J24～J36-中继接线器；N5、N6-导航 ECU；P3-停车制动开关；R5-电控遥控后视镜开关；R17-后雾灯开关；R23～R28-带显示器的收放机；S4-安全指示灯；S5-换挡锁止控制开关；S7-制动灯开关；S8-换挡杆照明；T3-遥控器钥匙放大器；T4-转向信号闪光继电器；T10-防盗 ECU；T12-防盗继电器；U1-开启警告开关；Y1-偏移率传感器

附图 10　驾驶室部件位置图

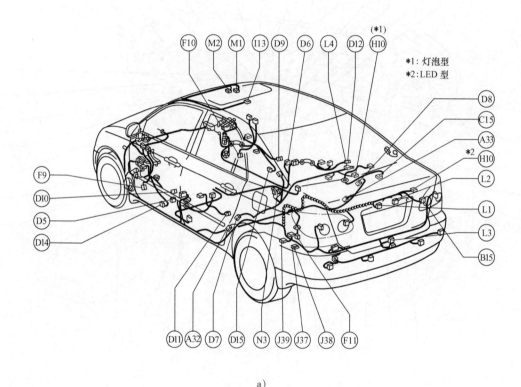

a)

A32-左后轮转速传感器;A33-右后轮转速传感器;B15-右倒车灯;C15-CD自动换碟器;D5-门控灯开关(驾驶人侧);D6-门控灯开关(前排乘客侧);D7-左后门控灯开关;D8-右后门控灯开关;D9-门锁电动机(前排乘客侧);D10-门锁电动机、车门钥匙锁止和开启开关、车门开启检测开关(驾驶人侧);D11-左后门锁电动机;D12-右后门锁电动机;D14-门控灯(驾驶人侧);D15-门控灯(前排乘客侧);F9-左前门扬声器;F10-右前门扬声器;F11-燃油泵和燃油油位传感器;H10-高位制动灯;I13-车内灯;J37~J39-中继接线器;L1-左牌照灯;L2-右牌照灯;L3-行李舱灯开关;L4-行李舱灯;M1-天窗控制开关和继电器;M2-天窗电动机和限位开关;N3-静噪滤波器(后窗除雾器)

附图 11

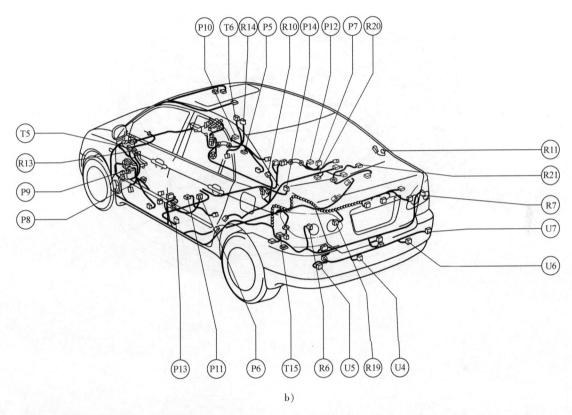

b)

P5-电动车窗控制开关(前排乘客侧)；P6-左后电动车窗控制开关；P7-右后电动车窗控制开关；P8-电动车窗主开关；P9-电动车窗电动机(驾驶员侧)；P10-电动车窗电动机(前排乘客侧)；P11-左后电动车窗电动机；P12-右后电动车窗电动机；P13-左预张紧器；P14-右预张紧器；R6-左后组合灯；R7-右后组合灯；R10、R11-后车窗除雾器；R13-左电控后视镜；R14-右电控后视镜；R19-后雾灯；R20-左后扬声器；R21-右后扬声器；T5-左高音喇叭；T6-右高音喇叭；T15-防盗警报器；U4-超声波传感器(中左后)；U5-超声波传感器(左后)；U6-超声波传感器(中右后)；U7-超声波传感器(右后)

附图11　车身部件位置图

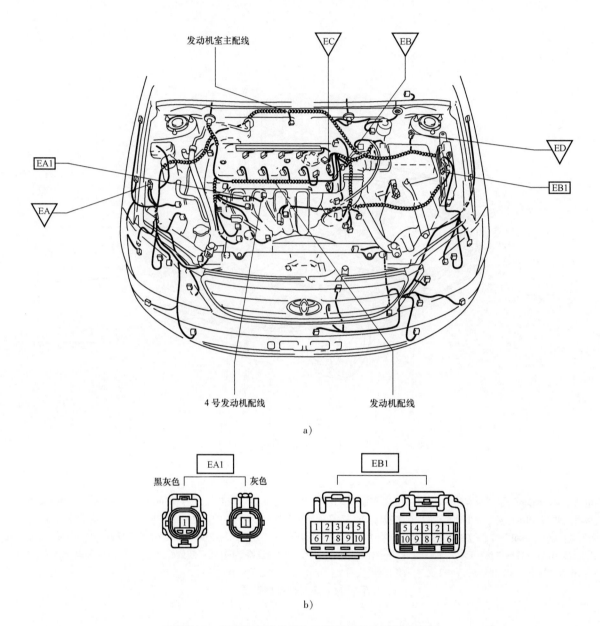

附图12 发动机室接地线和连接线束的连接器位置图

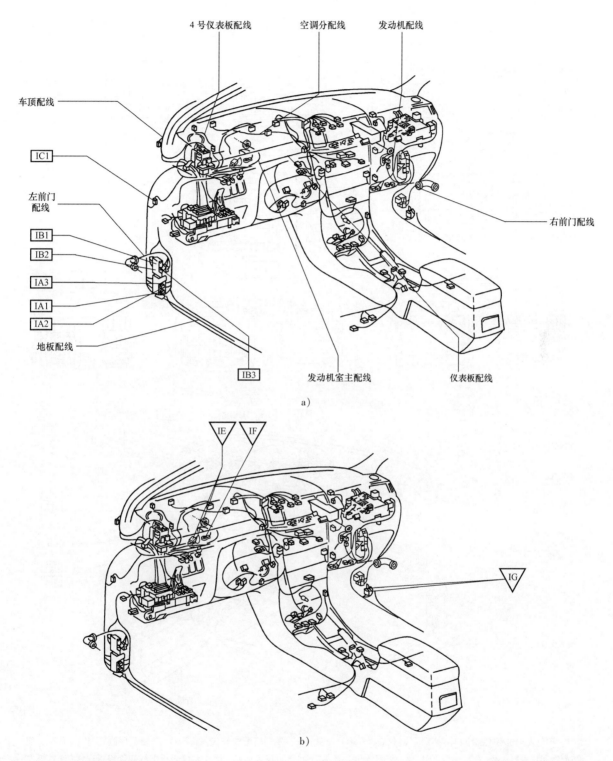

IA1~IA3-仪表板配线和地板配线(左踏板);IB1~IB3-左前门配线和仪表板配线(左踏板) IC1-发动机室主配线和地板配线(靠近仪表板接线盒)

附图 13

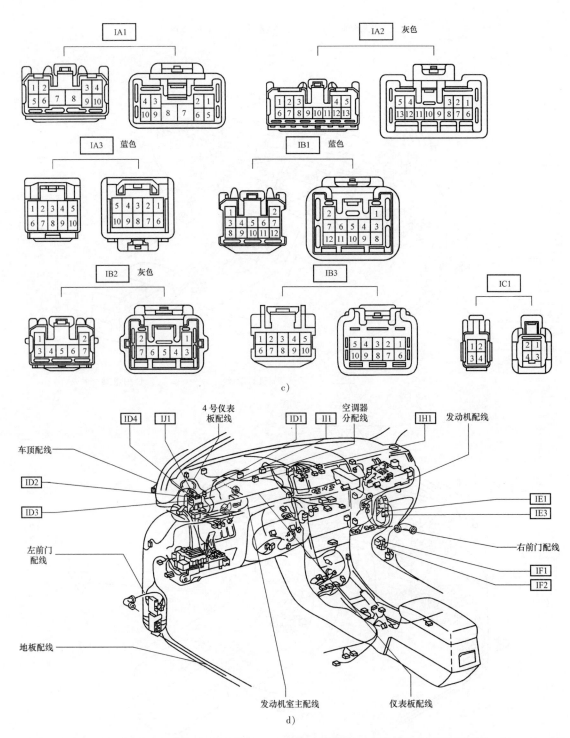

c)

d)

ID1～ID4-发动机室主配线和仪表板配线（仪表板左侧）；IE1、IE3-发动机配线和仪表板配线（杂物箱后侧）；IF1、IF2-右前门配线和仪表板配线（右踏板）；IH1-仪表板配线和空调分配线（组合仪表后）；II1-4号仪表板配线和仪表板配线（仪表板左侧）；IJ1-车顶配线和仪表板配线（仪表板左侧）

附图 13

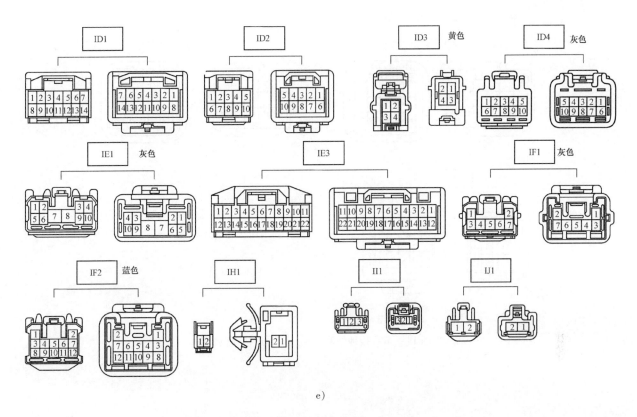

e)

附图13　驾驶室接地线和连接线束的连接器位置图

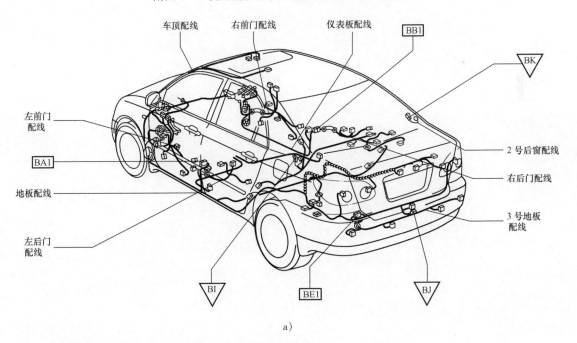

a)

BA1-左后门配线和地板配线(车身中柱左侧)；BB1-右后门配线和地板配线(车身中柱右侧)；BE1-3号地板配线和地板配线(左下后围板)

附图　14

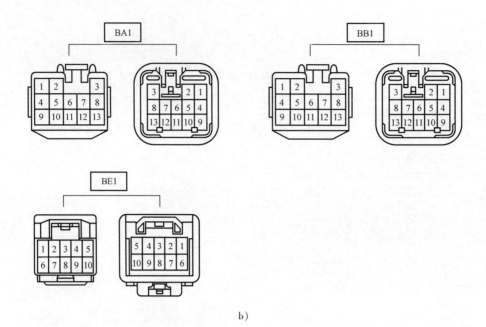

b)

附图14 车身接地线和连接线束的连接器位置图

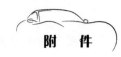

附件2　　　关于工作页

工作页(也称为作业单或任务单)是现代企业培训中常用的学习媒体,主要内容是专业信息和作业。

新课程的工作页是现代职业教育中学生的主要学习材料,是帮助学生实现有效学习的重要工具,其核心任务是帮助学生学会如何工作。工作页呈现源于典型工作任务的学习任务,通过体系化的引导问题,指导学生在完整的工作过程中进行理论实践一体化的学习,在培养专业能力的同时,获得工作过程知识,促进关键能力和综合素质的提高。

本套新课程教学用书的工作页由首页和正文两部分构成。

首页包括学习任务、学习目标、建议课时和内容结构,主要内容是提示学习要点,具体说明如下:

学习任务:源于生产实际的典型工作任务,具备学习价值。

学习目标:完成本学习任务后,预期学生应当能够达到的行为程度,包括所希望行为的条件、行为的结果和行为实现的技术标准。

建议课时:建议完成本学习任务的教学学时数。

内容结构:用图式化表示学习与工作内容的要点。

工作页正文由学习任务描述、学习准备、计划与实施和评价反馈四部分组成,由引导问题贯穿全文,同时还设置一些小栏目,如学习拓展、小词典和小提示等,具体说明如下:

学习任务描述:简要描述学习任务。

学习准备:明确工作任务,获取完成工作任务所需的概括性信息,包括理论知识、通用或专用工具、安全要求和注意事项等,均是为"计划与实施"做准备。

计划与实施:学习制订工作计划、实施并进行质量控制,在行动中学习与完成任务联系紧密的工作过程知识(包括必要的学科性知识)和技能。

评价反馈:对学习过程和结果的质量进行评价和总结,包含专业能力和关键能力,讨论今后完成类似工作任务时的注意事项与改善意见。

引导问题:提出学习问题,引导学生有目标地在学习资源中查找到所需的专业知识,思考并解决专业问题。

学习拓展:针对学习内容进一步学习与工作相关的内容。

小词典:简要解释专业名词或技术术语。

小提示:针对工作安全与质量问题的提示,包括学生在工作过程中应注意的操作规范、维修技巧、注意事项,以及需要提醒客户的要点和注意事项等。

编　者

2013 年 8 月

附件3　　　　　　　　　　致　教　师

各位老师：你们好！

感谢您选择《中等职业学校汽车运用与维修专业新课程教学用书》工作页系列教材。这是一套强调学生学习的主动性和有效性的新教材，它的特点是在学习与工作一体化的情境下，引领学生完成一个职业的典型工作任务，经历完整的学习与工作过程，在培养专业能力的同时，促进关键能力和提高综合素质，从而发展学生的综合职业能力。

为对您的教学有所帮助，关于本书，我们有以下建议：

教师作用与有效教学

新课程的实施有以下要求：在教学组织与实施方面，需要您去组建教学团队，构建和改善教学环境，以实现工作过程系统化的教学；在指导学生的学习时，请您尽量改善学生的学习环境，为学生提供更多的学习资源，充分调动学生学习的主动性，让学生在小组合作与交流的氛围中，尽可能通过亲身实践来学习，并加强学习过程的质量控制，使学习更为有效。

学习目标与学业评价

学习目标反映学生完成学习任务后预期达到的能力水平，含专业能力与关键能力，既有针对本学习任务的过程和结果的质量要求，也有对今后完成类似工作任务的要求。每个学习目标都要落实到具体的学习活动中，对学生的学业评价要在学习过程中体现，如工作页的填写情况和过程的质量控制等。您可以通过学生的自评、小组同学的互评及您的检查与评价来实现学生的学业评价。

学习内容与活动设计

新课程学习内容是一体化的学习任务。在教学时，要建立任务完成与知识学习之间的内在联系，将完成工作任务的整个过程分解为一系列可以让学生独立学习和工作的相对完整的教学活动，这些活动可依据实际教学情况来设计。在实施时，要充分相信学生并发挥学生的作用，与他们共同进行活动过程的质量控制。

教学方法与组织形式

新课程倡导行动导向的教学，通过学习引导问题，促使学生进行主动的思考和学习。请您根据学习任务所需的工作要求，组建学生学习小组。学生在合作中共同学习完成工作任务。分组时请注意兼顾学生的学习能力、性格和态度等个体差异，以自愿为原则。

学习资源与教学环境

新课程为学生提供了主要的学习材料——工作页。此外，还建议准备适量其他公开出版的汽车运用与维修专业教材、常见典型车型的维修手册、企业通用的培训教材、汽车的使用说明书及多媒体课件和互联网络等学习资源。

建议配备理论实践一体化的学习工作站、整车维修车间、设备保管室（包括全套工具、试验设备和

仪器仪表)等教学环境。建议您加强对教学环境的管理，如工作规程的要求，工作安全与健康保护相应的预防措施，经济地使用各种工作材料，合理处置废弃物和养成环保意识等。

可能的问题与教学建议

新课程的目标是促进学生的综合职业能力发展，它所设计的学习任务是针对某一职业的典型工作任务的综合性任务，与企业生产中经常出现的实际工作任务，特别是那些重复性的任务并不完全吻合。在企业实践学习的环节中，可以适度加强这一方面的训练，特别是企业常见的基础性任务。

新课程强调培养学生自主学习的能力。随着学习的深入，工作页提供的学习资料将逐步减少，而让学生主动学习与实践的机会逐步增多，学习拓展的范围也会适当增大。您需引导学生适应这种要求的变化，并控制可能出现的学习效果两极分化的现象。

新课程的学习方式是针对理想状态设计的，它强调学生的自主学习。考虑到学校实际、教师和学生的具体情况，如果学生开始不太适应，建议您灵活应用渐进式的过渡方法来解决。

选择学习车型时，新课程比较强调新的技术。您可以根据当地的常见车型与学校的实际条件做适当调整，并通过企业实践学习的环节来做适当的补充，从而加强教学的针对性。

教学组织实施时，新课程的教学单元需要相对完整的连续教学时间(如4课时)，特别是整车实训时学生需在规定时间内的分组学习。希望您能适应由此带来的高教学强度。由于采取分组学习的形式，课堂教学管理的难度会增大，请您与学校的教学管理部门做好及时沟通。

职业院校的核心任务是让学生学会工作，这要通过您的努力来实现，创新性的建构教学是我们对您的期待。同时，也希望您能够将教学感受反馈给我们，以便能更好地为您服务。

预祝您的教学更为有效！

编　者

2013 年 8 月

参 考 文 献

[1] 周建平. 汽车电气设备构造与维修[M]. 北京：人民交通出版社，2002.
[2] 张春华. 汽车电器与电路[M]. 北京：人民邮电出版社，2007.
[3] Norm Chapman. 汽车电器与电子原理[M]. 赵福堂，译. 北京：高等教育出版社，2004.
[4] 吴基安. 汽车电路识图与检修[M]. 北京：电子工业出版社，2003.
[5] 胡光辉. 汽车电器设备构造与检修[M]. 北京：机械工业出版社，2007.
[6] 黄余平. 电路系统和车身教学图解[M]. 北京：人民交通出版社，2005.
[7] 全国汽车维修专项技能认证技术支持中心编写组. 电子电气系统[M]. 北京：教育科学出版社，2004.
[8] 陈勇. 汽车中控门锁及防盗系统结构原理与维修[M]. 南京：江苏科学技术出版社，2007.
[9] COROLLA 电路图. 丰田汽车(中国)有限公司，2004.
[10] COROLLA 修理手册. 丰田汽车(中国)有限公司，2000.
[11] COROLLA 修理手册增补篇. 丰田汽车(中国)有限公司，2004.